AF283600

ANÁLISIS PSICOSOCIAL DE LA REALIDAD ECONÓMICA Y LABORAL DE LAS MUJERES CEUTÍES. PROPUESTA DE DINÁMICAS PARA LA MEJORA

Flor Sánchez Fernández
María del Mar Alonso Almeida

INSTITUTO DE ESTUDIOS CEUTÍES
CEUTA 2024

© Del texto, sus autores, 2024.

© De las imágenes, sus autores, 2024.

El contenido de esta publicación procede de la Beca concedida por el Instituto de Estudios Ceutíes, perteneciente a la Convocatoria de Investigación de 2012.

Colección *Trabajos de Investigación*

Ciencias Sociales

© EDITA: INSTITUTO DE ESTUDIOS CEUTÍES
Apartado de correos 593 • 51080 Ceuta
Tel.: + 34 - 956 51 0017
E-mail: iec@ieceuties.org
www.ieceuties.org

Comité editorial:
Carlos Pérez Marín • José Luis Ruiz García
Adolfo Hernández Lafuente • María José Fernández Maqueira
Guadalupe Romero Sánchez • María Jesús Fuentes García

Jefe de publicaciones:
María Teresa Cuesta Chaparro

Diseño y maquetación:
Enrique Gómez Barceló

Realización e impresión.
Imprenta Olimpia S.C.

ISBN: 978-84-18642-36-4
Depósito Legal: CE 40 - 2023

Quedan reservados todos los derechos:

Esta publicación no puede ser reproducida, ni en todo ni en parte, ni registrada en, ni tramitada por, sistema de recuperación de información, en ninguna forma ni por ningún medio, sea mecánico, fotoquímica, electrónico, magnético, electroóptico, por fotocopia, o cual otro, sin permiso previo del Instituto de Estudios Ceutíes.

ÍNDICE

Flor Sánchez Fernández
Universidad Autónoma de Madrid

María del Mar Alonso Almeida
Universidad Autónoma de Madrid

ANÁLISIS PSICOSOCIAL DE LA REALIDAD ECONÓMICA Y LABORAL DE LAS MUJERES CEUTÍES. PROPUESTA DE DINÁMICAS PARA LA MEJORA

1

PRESENTACIÓN Y JUSTIFICACIÓN DEL PROYECTO

El objetivo del proyecto titulado ANÁLISIS PSICOSOCIAL DE LA REALIDAD ECONÓMICA Y LABORAL DE LAS MUJERES CEUTÍES. PROPUESTA DE DINÁMICAS PARA LA MEJORA era conocer mejor la realidad sociocultural, económica y de integración de las mujeres que viven en Ceuta, sus necesidades y limitaciones, especialmente en lo que tiene que ver con su situación socio-laboral, valorando las opciones que tienen, sus expectativas y las propuestas que pudieran realizarse para impulsar la mejora de la situación social y laboral. Ceuta tiene una serie de características que cabe señalar antes de iniciar la descripción del estudio realizado.

En primer lugar, de acuerdo con los datos de población del Instituto Nacional de Estadística (2014), en 2013 Ceuta contaba con una población de 84.534 habitantes de los cuales el 51,1% eran hombres y el 48,9% mujeres. Estos datos representan un incremento del 5% respecto al año 2010 y un 8% respecto al 2008 según un estudio realizado por Sociopolis (2014), pero la distribución entre hombres y mujeres apenas han variado. Así, mientras la población española en general ha disminuido durante el actual periodo de crisis, en el caso de Ceuta la población ha continuado creciendo durante este periodo y un 40% de ese crecimiento ha sido de ciudadanos extranjeros.

En segundo lugar, Ceuta cuenta con una de las poblaciones más jóvenes del territorio español y se espera que esta tendencia continúe dado que la natalidad en Ceuta es la más elevada del territorio nacional con 13,4 por mil, solo superada en 2013 por la población de Melilla un 18,3 por mil. Según los datos de 2013, un

25,7% de la población ceutí es menor de 18 años y solo un 10,9% de la población es mayor de 65 años, frente al 17,9% de la población nacional.

En tercer lugar, la ciudad autónoma de Ceuta es multicultural y en ella conviven grupos de distinta religión y cultura. De acuerdo con Jiménez Gámez (2010) citando a Tomás Bárbulo (El País Digital, 9-10-2005), la distribución de la población seguía el siguiente patrón: minorías hindú (2%) y hebrea (1%) y las dos principales: la cristiana-occidental (50%) y la musulmana (47%). Se estima que ésta última tendrá una representación previsiblemente similar a la cristiana-occidental en los próximos años. En cuanto a la nacionalidad, en el año 2013, un 93,6% de los habitantes de Ceuta tienen nacionalidad española, un 5,5% tienen nacionalidad de diferentes países africanos y el resto son de otras nacionalidades. Se estima que los musulmanes suponen ya el 50% de la población, siendo la presencia de los hindúes y judíos residual. Así, la comunidad judía está formada por un centenar de personas y la hindú podría tener una presencia similar.

En cuarto lugar, el mercado laboral de Ceuta está caracterizado por una cierta estrechez, dada las limitaciones de su oferta laboral, que afecta especialmente a las mujeres ceutíes pues solo 2 de cada 5 mujeres se encuentran en una situación laboral activa. Ceuta tiene la tasa de paro más alta del territorio español con un 35,5% de media, según los datos del Instituto Nacional de Estadística durante 2013. La tasa de paro en el caso de las mujeres ha sido de un 44,3% pero lejos del desempleo de 2012 cuando se propuso este proyecto que era de un 56,9%, más del doble de la media nacional. Aunque sigue siendo en el caso de las mujeres la más alta de España, supone en el caso de las mujeres mayores de 25 años el 83,8% de las mujeres desempleadas. Para intentar paliar esta situación los Planes Especiales de Empleo en los últimos años han sido uno de las principales piezas de las políticas activas de empleo, pero dado su carácter temporal (contratos de 6 meses) en trabajos de baja cualificación, su alcance apenas ha tenido repercusión en mejorar la situación laboral de las mujeres.

A esta situación laboral desfavorable de las mujeres hay que sumarle la problemática particular que sufre la mujer de origen árabe (Gobi y Erogul, 2011). Aunque su posición social parece haber mejorado, especialmente entre las mujeres más jóvenes o las que se han criado en familias que llevan varias generaciones en territorio ceutí, la realidad económica y social muestra que la crisis económica social se está cebando en la población musulmana donde las cuotas de desempleo parecen ser aún mayores. A esta situación se suman otros factores como falta de formación profesional, falta de experiencia laboral en el mercado formal y barreras a la integración real (Jiménez Ruiz, 2005), a pesar de los esfuerzos por comprender la multiculturalidad e integrarla tanto en el curriculum docente como en la vida social y laboral (Jiménez Ruiz, 2005; Jiménez Gámez, 2010). Un estudio realizado por estos últimos autores afirma que el 70% de los musulmanes mayores de 18 años declara no tener estudios o tenerlos sólo primarios, con un alto porcentaje de fracaso escolar. Además, las personas que declaran que ni estudian, ni trabajan son casi en su totalidad musulmanes. Aunque los musulmanes dicen sentirse cada vez más integrados en Ceuta además de recibir en sus casas una educación más liberal. Aun así, las mujeres siguen casándose jóvenes, teniendo muchos hijos y estando sujetas a los hombres de la familia, primero a su padre y hermanos y luego a sus esposos (Al Maaitah, Al Maaitah, Olaimat y Gharaeibeh 2010; Al-Dajani, 2010; Alonso-Almeida, 2012).

Finalmente, se puede afirmar que en este periodo de crisis económica, como han puesto de manifiesto diversos informes realizados por algunas organizaciones como Oxfam Intermon (2013) y los datos oficiales del Instituto Nacional de Estadística, la tasa de pobreza en España se ha incrementado en general y en particular en Ceuta donde el riesgo de pobreza es del 33,7%, lo que supone una diferencia del 11,9% frente a la media nacional que es del 21,8%.

Además, en Ceuta el 41% de los hogares tienen problemas para llegar a fin de mes, situación que empeora cuando se trata de hogares encabezados por una mujer en la que el riesgo de pobreza se incrementa hasta el 61%. Este mayor foco de pobreza se localiza donde predomina la población musulmana y los extranjeros. Así, el riesgo de pobreza en los hogares musulmanes alcanza casi el 60% mientras que en los hogares cristianos desciende a un 13,5%. Este problema se acentúa en los jóvenes, pues los citados estudios muestran que el mayor riesgo de pobreza se encuentra entre los menores de 16 años; en concreto un, 43% menores de esa edad se encuentran en riesgo de pobreza, un porcentaje claramente superior a la media nacional que está en torno al 26%, según el Instituto Nacional de Estadística. Coincide que las personas que están en mayor riesgo de pobreza tienen estudios primarios o son analfabetos en un porcentaje elevado, lo que dificulta su inclusión social y las posibilidades de conseguir un empleo. De hecho el mayor problema que apuntan 8 de cada 10 jóvenes ceutíes, y en esto coinciden con el resto los jóvenes españoles, es el desempleo, según datos del Centro de Investigaciones Sociológicas.

Esta breve descripción de la Ciudad de Ceuta da idea de aproximarnos a un entorno social complejo, percepción que coincide con la que llega de los medios de comunicación. Y con esta idea y estos datos previos como marco iniciamos el proyecto encargado por el Instituto de Estudios Ceutíes. Como indica el título del proyecto el objetivo era realizar un análisis psicosocial de la realidad económica y laboral de las mujeres ceutíes, a partir principalmente de la información que pudiéramos obtener de las propias mujeres ceutíes. Y quizá con el idealismo que subyace a toda propuesta de proyecto, elaborar propuestas para la mejora de la situación. Para responder a este compromiso, definimos los objetivos concretos que han guiado el desarrollo del proyecto.

2

OBJETIVOS DEL PROYECTO

El **primer objetivo** fue analizar exhaustivamente el mercado de trabajo en Ceuta, prestándole particular atención a la situación laboral de las mujeres.

El **segundo objetivo** que se desarrolló a partir del conocimiento de los datos sobre la situación laboral de Ceuta, nos llevó a realizar un análisis de las ofertas de trabajo y de los perfiles profesionales más demandados, identificando el acceso que Ceuta había tenido a dichas ofertas y perfiles.

En el **tercer objetivo** del trabajo analizamos la formación universitaria y la formación profesional que se ofrece en Ceuta, buscando una explicación al escaso acceso a las ofertas de trabajo existentes a nivel nacional y a la poca cobertura de perfiles profesionales más demandados por parte de ciudadanos ceutíes.

Con el **cuarto objetivo** y teniendo como marco la información anterior, llevamos a cabo un trabajo de campo para contrastar los datos principales (tasa de paro, oportunidades de empleo…) con las percepciones que las mujeres ceutíes tienen sobre realidad social y laboral de Ceuta. Este apartado finaliza con un análisis prospectivo del mercado de trabajo en Ceuta a partir de los datos analizados previamente y de las opiniones de las mujeres ceutíes.

El **quinto objetivo** ha consistido en analizar la evolución de las actividades de emprendimiento en Ceuta, teniendo como marco lo que ocurre en España respecto a esta opción laboral. Nos centramos en el emprendimiento como opción laboral porque es una de las escasas alternativas que surgen como propuesta de actuación para mejorar la situación laboral de las mujeres ceutíes, especialmente de las mujeres más jóvenes.

El **sexto objetivo** del trabajo ha sido concretar una serie de propuestas para impulsar las actividades de emprendimiento en mujeres jóvenes, contando para ello con el análisis de los datos que ofrecen estudios nacionales e internacionales que se están realizando sobre el tema. Finalmente para contrastar la viabilidad de nuestras propuestas realizamos muy recientemente un estudio con una muestra de jóvenes españolas universitarias, que comparten con las mujeres jóvenes ceutíes, a las que se dirigen las propuestas, la incertidumbre sobre su desarrollo laboral y profesional.

El desarrollo de estos objetivos está contenido en los correspondientes apartados que se describen a continuación.

3

COMPORTAMIENTO DEL MERCADO DE TRABAJO EN CEUTA DURANTE 2013: ANÁLISIS DESDE LA PERSPECTIVA DE GÉNERO

El mercado de trabajo en Ceuta ha sido definido como estrecho, pero más allá de las restricciones territoriales, es necesario conocer cuál es el comportamiento real del mismo. Para ello se ha analizado lo que ha ocurrido en el año 2013[1] en cuanto a tipos de contratos, en qué sectores y, específicamente, cómo ha afectado a las mujeres. Esta información, tanto los datos estadísticos como los conceptos de contratación, han sido obtenidos de fuentes oficiales del Ministerio de Empleo y Seguridad Social, en concreto, de los informes mensuales emitidos por el Servicio de Empleo Estatal durante el año 2013.

De acuerdo con esta fuente y como se puede ver en la Tabla 1 se han realizado un total de 17.343 contratos entre contratos iniciales, contratos convertidos en indefinidos y en adscripciones temporales en colaboración social.

Los contratos iniciales son aquellos con los que se inicia la relación laboral y pueden adoptar diversas formas entre las que destacan: indefinido bonificado o no bonificado, indefinido para la integración de personas con discapacidad, obra o servicio, eventual por circunstancias de la producción, interinidad, temporal para personas con discapacidad, relevo, jubilación parcial, contrato de sustitución por jubilación a los 64 años, contrato en prácticas, contrato para la formación y el aprendizaje y otros contratos como los contratos especiales, artistas y servicios domésticos entre otros.

---

1. En la elaboración del informe final se han incluido los datos más actualizados, correspondientes a 2013, que ofrecían pequeñas variaciones con los datos que tomamos como referencia cuando iniciamos el estudio encargado por el IEC.

Los contratos convertidos en indefinidos son aquellos que inicialmente se formalizan por un tiempo determinado y que, al amparo de la normativa en vigor, se transforman en indefinidos.

Finalmente, las adscripciones temporales en colaboración social son aquellas que sin ser contrataciones, suponen la realización de trabajos para las Administraciones Públicas de trabajadores perceptores de prestaciones por desempleo, sin pérdida de las mismas

Tabla 1. Contratos realizados en Ceuta durante el año 2013

MES	TOTAL	AMBOS SEXOS			HOMBRES			MUJERES		
		CONTRATOS INICIALES	CONTRATOS CONVERT. EN INDEFINIDOS	ADSCRIPC. EN COLAB. SOCIAL	CONTRATOS INICIALES	CONTRATOS CONVERT. EN INDEFINIDOS	ADSCRIPC. EN COLAB. SOCIAL	CONTRATOS INICIALES	CONTRATOS CONVERT. EN INDEFINIDOS	ADSCRIPC. EN COLAB. SOCIAL
ene-13	1.350	1.313	35	2	694	24	2	619	11	
feb-13	2.149	2.117	30	2	1.076	19	2	1.041	11	
mar-13	999	946	52	1	497	41		449	11	1
abr-13	1.052	998	50	4	586	32	4	412	18	
may-13	1.262	1.165	54	43	616	32	30	549	22	13
jun-13	1.292	1.243	37	12	715	17	12	528	20	
jul-13	2.088	2.031	42	15	1.001	20	10	1.030	22	5
ago-13	1.171	1.135	29	7	625	21	3	510	8	4
sep-13	1.336	1.271	58	7	656	31	5	615	27	2
oct-13	1.720	1.673	41	6	712	23	5	961	18	1
nov-13	1.668	1.621	40	7	853	18	7	768	22	
dic-13	1.256	1.204	38	14	577	24	10	627	14	4
TOTAL	17.343	16.717	506	120	8.608	302	90	8.109	204	30

Fuente: Elaboración propia a partir de los datos del Ministerio de Empleo y Seguridad Social (2013).

Como se puede ver, el 96,4% de los contratos son contratos iniciales que se distribuyen casi por igual entre hombres y mujeres con un porcentaje ligeramente superior en el caso de los hombres 51,5% frente a un 49,5% de las mujeres. La brecha se agranda en el caso de los contratos convertidos en indefinidos, los cuales corresponden un 40% a mujeres, lo que sugiere, a priori, una mayor volatilidad en el empleo femenino. Las adscripciones temporales en colaboración social son residuales, pero el 75% corresponden con hombres.

Profundizando en cada tipo de contrato, la Tabla 2 presenta el total de contratos iniciales por tipo de contrato.

**Tabla 2. Contratos iniciales realizados en Ceuta
durante el año 2013 por tipo de contrato**

MES	TOTAL	INDEFINIDO (Bonif./no)	INDEF. PERS. CON	OBRA O SERVICIO	EVENT. CIRC. PRODUC.	INTERINIDAD	TEMPORAL PERS. DISC.	RELEVO	JUBILACIÓN PARCIAL	SUST. JUBILACIÓN	PRÁCTICAS	FORMACIÓN	OTROS CONTRATOS
ene-13	1.313	70	4	673	437	91	3				2	33	
feb-13	2.117	73	2	1.603	291	144					1	3	
mar-13	946	76	1	480	292	92					2	3	
abr-13	998	90		391	373	143			1				
may-13	1.165	97	2	357	551	143	2				7	6	
jun-13	1.243	87	2	410	600	136	1				5	2	
jul-13	2.031	77		915	705	295					8	31	
ago-13	1.135	49		436	478	160	1				2	8	1
sep-13	1.271	91	3	445	546	171					3	12	
oct-13	1.673	73		643	559	388	2				2	6	
nov-13	1.621	58		930	489	137	2				1	4	
dic-13	1.204	63	3	342	581	197		1			1		16
TOTAL	16.717	904	17	7.625	5.902	2.097	11	1	1		34	108	17

Fuente: Elaboración propia a partir de los datos del Ministerio de Empleo y Seguridad Social (2013).

Como se puede observar, el 95% de los contratos iniciales son contratos temporales. Así, el 45,6% del total de los contratos se corresponden con contratos de obra o servicio siendo estos contratos temporales para la realización de obras o servicios determinados. Un 35,4% son contratos eventuales por circunstancias de la producción siendo contratos temporales para atender necesidades de demanda del mercado o momentos estacionales a lo largo del año. Estos contratos, aunque temporales, son susceptibles de convertirse en indefinidos si se produce una estabilización del incremento de la demanda que lo ha provocado.

Finalmente, los contratos de interinidad han constituido el 12,5% de los contratos. Estos contratos son de duración temporal variable para sustituir a un trabajador con derecho a reserva de puesto de trabajo. Así, un primer dato que parece que se confirma es que el empleo que se ha creado durante 2013 en Ceuta es temporal, lo cual sugiere que la inestabilidad en el empleo continuará al menos a corto plazo si no cambia la situación económica.

El resto de contratos iniciales son residuales y llama la atención el escaso número de contratos en prácticas y en formación que se han realizado durante el pasado año 2013. Estos contratos están pensados principalmente para jóvenes, destinados a completar la formación de trabajadores con títulos universitarios o de formación profesional (contratos en prácticas) o contratos destinados a los jóvenes de 16 a 24 años, para la adquisición por parte del trabajador de la cualificación necesaria para el desempeño de un oficio o puesto de trabajo concreto (contratos en formación). Estos datos de contratación se podrían considerar negativos para el mercado laboral de Ceuta, dada la cantidad de población joven que existe en Ceuta, como se ha comentado con anterioridad.

A continuación, en la Tabla 3, se muestra la distribución de los contratos iniciales en el caso de las mujeres en Ceuta.

Tabla 3. Contratos iniciales realizados en Ceuta a mujeres durante el año 2013 por tipo de contrato

MES	TOTAL	INDEFINIDO (Bonif./no Bonif)	INDEF. PERS. CON DISCAPACIDAD	OBRA O SERVICIO	EVENT. CIRC. DE LA PRODUC.	INTERINIDAD	TEMPORAL PERS.CON DISCAPACIDAD	RELEVO	JUBILACIÓN PARCIAL	SUST. JUBILACIÓN 64 AÑOS	PRÁCTICAS	FORMACIÓN	OTROS CONTRATOS
ene-13	619	26	4	262	241	68	1					1	16	
feb-13	1.041	30	2	739	153	117								
mar-13	449	26	1	183	168	69						2		
abr-13	412	35		69	212	96								
may-13	549	35	1	96	302	104	1					4	6	
jun-13	528	34	1	92	301	98						2		
jul-13	1.030	37		376	386	217						3	11	
ago-13	510	24		135	241	100	1					2	6	1
sep-13	615	32	2	130	321	124						2	4	
oct-13	961	19		298	324	313	2					1	4	
nov-13	768	34		383	255	95	1							
dic-13	627	31	2	133	323	137						1		
TOTAL	8.109	363	13	2.896	3.227	1.538	6					18	47	1

Fuente: Elaboración propia a partir de los datos del Ministerio de Empleo y Seguridad Social (2013).

Las mujeres han ocupado el 40,2% de los contratos iniciales indefinidos, el 73,3% de los contratos de interinidad, el 54,5% de los contratos eventuales por necesidades de la producción y el 38% de los contratos por obra o servicio, lo que sugiere que pueden incrementarse los contratos estables en el futuro en este colectivo. Sin embargo, la temporalidad sigue siendo muy alta entre las mujeres. Cabe destacar especialmente el alto porcentaje de mujeres en los contratos de interinidad, contratos que como ya se sabe cumplen exclusivamente la finalidad de ocupar un puesto reservado a un trabajador cuando este no puede ocuparlo por un tiempo determinado por los motivos tasados en la ley, pero no se crea ningún puesto de trabajo adicional.

En la Tabla 4 se desglosan los contratos iniciales por sectores, destacando la alta concentración de contratos en el sector servicios en todas las modalidades de contratos y la casi inexistente actividad del sector industrial y de agricultura, manteniéndose el sector de la construcción en una posición intermedia pero muy inferior al periodo anterior a la crisis.

**Tabla 4. Contratos iniciales realizados en Ceuta durante
el año 2013 por tipo de contrato y sector**

AGRICULTURA	TOTAL	INDEFINIDO (Bonif./no Bonif)	INDEF. PERS. CON DISCAPACIDAD	OBRA O SERVICIO	EVENT. CIRC. DE LA PRODUC.	INTERINIDAD	TEMPORAL PERS. CON DISCAPACIDAD	RELEVO	JUBILACIÓN PARCIAL	SUST. JUBILACIÓN 64 AÑOS	PRÁCTICAS	FORMACIÓN	OTROS CONTRATOS
ene-13	2			2									
feb-13	3			3									
mar-13	23	7		16									
abr-13	13			13									
may-13	4			2	2								
jun-13	7			7									
jul-13	6			6									
ago-13	2			2									
sep-13	3			3									
oct-13	3			3									
nov-13	3			2	1								
dic-13	3			3									
TOTAL	72	7		62	3								

INDUSTRIA	TOTAL	INDEFINIDO (Bonif./no Bonif)	INDEF. PERS. CON DISCAPACIDAD	OBRA O SERVICIO	EVENT. CIRC. DE LA PRODUC.	INTERINIDAD	TEMPORAL PERS. CON DISCAPACIDAD	RELEVO	JUBILACIÓN PARCIAL	SUST. JUBILACIÓN 64 AÑOS	PRÁCTICAS	FORMACIÓN	OTROS CONTRATOS
ene-13	107	3		27	71	6							
feb-13	51	4		20	24	3							
mar-13	43			18	17	7						1	
abr-13	50	3		20	18	9							
may-13	59			18	36	3					1	1	
jun-13	85	5	1	9	65	5							
jul-13	71	2		17	44	5						3	
ago-13	135	1		28	103	3							
sep-13	47	3		7	34	2					1		
oct-13	63	1		16	36	10							
nov-13	42			22	20								
dic-13	32			7	22	3							
TOTAL	785	22	1	209	490	56					2	5	

CONSTRUCCION	TOTAL	INDEFINIDO (Bonif./no Bonif)	INDEF. PERS. CON DISCAPACIDAD	OBRA O SERVICIO	EVENT. CIRC. DE LA PRODUC.	INTERINIDAD	TEMPORAL PERS. CON DISCAPACIDAD	RELEVO	JUBILACIÓN PARCIAL	SUST. JUBILACIÓN 64 AÑOS	PRÁCTICAS	FORMACIÓN	OTROS CONTRATOS
ene-13	253	12		234	6						1		
feb-13	219	5		208	6								
mar-13	204	11		187	6								
abr-13	216	4		204	8								
may-13	205	16		188	1								
jun-13	245	8		212	24						1		
jul-13	237	9		204	24								
ago-13	185	3		168	13	1							
sep-13	208	2		183	16	2						5	
oct-13	218	4		208	3	2						1	
nov-13	190	6		177	6						1	1	
dic-13	87	2		78	7								
TOTAL	2.466	81		2.251	119	5					3	7	

SERVICIOS	TOTAL	INDEFINIDO (Bonif./no Bonif)	INDEF. PERS. CON DISCAPACIDAD	OBRA O SERVICIO	EVENT. CIRC. DE LA PRODUC.	INTERINIDAD	TEMPORAL PERS. CON DISCAPACIDAD	RELEVO	JUBILACIÓN PARCIAL	SUST. JUBILACIÓN 64 AÑOS	PRÁCTICAS	FORMACIÓN	OTROS CONTRATOS
ene-13	951	55	4	410	360	85	3				1	33	
feb-13	1.844	64	2	1.372	261	141					1	3	
mar-13	676	58	1	259	269	85					2	2	
abr-13	719	83		154	347	134			1				
may-13	897	81	2	149	512	140	2				6	5	
jun-13	906	74	1	182	511	131	1				4	2	
jul-13	1.717	66		688	637	290					8	28	
ago-13	813	45		238	362	156	1				2	8	1
sep-13	1.013	86	3	252	496	167					2	7	
oct-13	1.389	68		416	520	376	2				2	5	
nov-13	1.387	53		729	463	137	2					3	
dic-13	1.082	61	3	254	552	194		1			1		16
TOTAL	13.394	794	16	5.103	5.290	2.036	11	1	1		29	96	17

Fuente: Elaboración propia a partir de los datos del Ministerio de Empleo y Seguridad Social (2013).

Tabla 5. Contratos iniciales realizados en Ceuta a mujeres en 2013 por tipo de contrato/sector

AGRICULTURA	TOTAL	INDEFINIDO (Bonif./no Bonif)	INDEF. PERS. CON DISCAPACIDAD	OBRA O SERVICIO	EVENT. CIRC. DE LA PRODUC.	INTERINIDAD	TEMPORAL PERS.CON DISCAPACIDAD	RELEVO	JUBILACIÓN PARCIAL	SUST. JUBILACIÓN 64 AÑOS	PRÁCTICAS	FORMACIÓN	OTROS CONTRATOS
ene-13													
feb-13													
mar-13													
abr-13													
may-13													
jun-13													
jul-13	1			1									
ago-13													
sep-13													
oct-13													
nov-13	1				1								
dic-13													
TOTAL	2			1	1								

INDUSTRIA	TOTAL	INDEFINIDO (Bonif./no Bonif)	INDEF. PERS. CON DISCAPACIDAD	OBRA O SERVICIO	EVENT. CIRC. DE LA PRODUC.	INTERINIDAD	TEMPORAL PERS.CON DISCAPACIDAD	RELEVO	JUBILACIÓN PARCIAL	SUST. JUBILACIÓN 64 AÑOS	PRÁCTICAS	FORMACIÓN	OTROS CONTRATOS
ene-13	20	1		5	10	4							
feb-13	10	1		1	7	1							
mar-13	9			1	4	4							
abr-13	12	1		2	5	4							
may-13	24			3	16	3					1	1	
jun-13	17			1	14	2							
jul-13	15				11	2						2	
ago-13	41			7	34								
sep-13	17			1	15	1							
oct-13	16				10	6							
nov-13	10			1	9								
dic-13	6				4	1							
TOTAL	197	3		23	139	28					1	3	

	TOTAL	INDEFINIDO (Bonif./no Bonif)	INDEF. PERS. CON DISCAPACIDAD	OBRA O SERVICIO	EVENT. CIRC. DE LA PRODUC.	INTERINIDAD	TEMPORAL PERS.CON DISCAPACIDAD	RELEVO	JUBILACIÓN PARCIAL	SUST. JUBILACIÓN 64 AÑOS	PRÁCTICAS	FORMACIÓN	OTROS CONTRATOS
ene-13	5			1	3						1		
feb-13	6			6									
mar-13	4			1	3								
abr-13	3			1	2								
may-13	4	2		2									
jun-13	7	1		3	3								
jul-13	8	1		3	4								
ago-13	8			7		1							
sep-13	7			2	2	1						2	
oct-13	5			4	1								
nov-13	6	2		4									
dic-13	2			1	1								
TOTAL	65	6		35	19	2					1	2	

	TOTAL	INDEFINIDO (Bonif./no Bonif)	INDEF. PERS. CON DISCAPACIDAD	OBRA O SERVICIO	EVENT. CIRC. DE LA PRODUC.	INTERINIDAD	TEMPORAL PERS.CON DISCAPACIDAD	RELEVO	JUBILACIÓN PARCIAL	SUST. JUBILACIÓN 64 AÑOS	PRÁCTICAS	FORMACIÓN	OTROS CONTRATOS
ene-13	594	25	4	256	228	64	1					16	
feb-13	1.025	29	2	732	146	116							
mar-13	436	26	1	181	161	65					2		
abr-13	397	34		66	205	92							
may-13	521	33	1	91	286	101	1				3	5	
jun-13	504	33	1	88	284	96					2		
jul-13	1.006	36		372	371	215					3	9	
ago-13	461	24		121	207	99	1				2	6	1
sep-13	591	32	2	127	304	122					2	2	
oct-13	940	19		294	313	307	2				1	4	
nov-13	751	32		378	245	95	1						
dic-13	619	31	2	131	318	136					1		
TOTAL	7.845	354	13	2.837	3.068	1.508	6				16	42	1

Fuente: Elaboración propia a partir de los datos del Ministerio de Empleo y Seguridad Social (2013).

20

Como se puede ver en la Tabla 4, un porcentaje muy elevado de los contratos se concentra en el sector de servicios, en concreto el 80,12% del total de los contratos realizados durante el año 2013.

En el caso de las mujeres, la Tabla 5 muestra el comportamiento del mercado laboral en Ceuta en los cuatro sectores anteriormente mencionados. El 59% de los contratos realizados en el sector de servicios han sido para mujeres, pero el 94% del total de los contratos son temporales, lo que sugiere una alta fragilidad del empleo en el colectivo de mujeres.

Como se puede ver en la Tabla 5, la contratación de la mujer en el sector de la agricultura y de la construcción es meramente testimonial, mientras que supone un 25,1% en el sector industria y un 58,6% en el sector servicios. Así estos datos sugieren que la mujer tiene un menor acceso en Ceuta al mercado de trabajo existente, proyectando su presencia en el sector de servicios. Por tanto, se puede afirmar la existencia de no solo una posible estrechez del mercado por razones territoriales sino también la segregación sectorial en el mercado de trabajo.

Cuando se desciende al análisis de la actividad económica, los resultados obtenidos en la contratación inicial es la que se muestra en la Tabla 6.

Tabla 6. Contratos iniciales realizados en Ceuta por durante el año 2013 por tipo de actividad económica

MES	A AGRIC. GANAD. SILV. Y PESCA	B INDUSTRIAS EXTRACTIVAS	C INDUSTRIA MANUFACT.	D SUMN. ELECT. GAS Y A.A.	E SUM. AGUA, RES Y DESC.	F CONSTRUCCIÓN	G COMERCIO, REP VEHIC.	H TRANSP. ALMACEN. T.	I HOSTELERIA	J INFORMA. C. COMUNIC. AC.	K FINANCIE. RAS Y SEGUROS	L ACTIVIDA. DES INMOBILIA. R.	M ACTIV. PROF. CIENT. Y TEC.	N ACTIV. ADMIN. Y SERV. AUX.	O ADMÓN. PUBL. DEF. Y SSO.	P EDUCACIÓN	Q ACTIV. SAN. Y SERV. SOC.	R ACT. ARTIST. RECR. Y ENT.	S OTROS SERVICIOS	T ACT. HOGAR Y USO PROP.	U ORG. EXTRA-TERRITOR LS.
ene-13	2		26	2	79	253	127	56	159	2	1	4	14	153	25	89	244	33	35	9	
feb-13	3		36	1	14	219	116	37	140	5		2	10	110	1.102	37	228	10	24	6	
mar-13	23		23		20	204	103	45	128	8	2	1	10	104	25	30	176	20	15	9	
abr-13	13		31		19	216	115	85	167	6	3	2	20	75	14	40	138	22	21	11	
may-13	4	1	40		18	205	128	77	327	2	2	1	21	79	2	33	176	28	19	2	
jun-13	7		26		59	245	136	69	262	12	4	3	20	128	13	31	166	34	17	11	
jul-13	6		33		38	237	185	84	305	12		3	22	171	357	47	448	45	23	9	
ago-13	2		56	2	77	185	144	98	192	3		1	11	133	35	29	136	16	8	7	
sep-13	3		21		26	208	171	78	254	2	2	1	17	119	21	76	211	34	23	4	
oct-13	3		22		40	218	128	94	221	5		5	13	123	197	42	484	45	24	5	
nov-13	3	1	33		8	189	148	97	142	7		2	11	108	559	60	202	22	27	2	
dic-13	3		14		18	87	149	86	268	7	2	5	6	113	27	46	300	31	38	4	
TOTAL	72	3	361	5	416	2.466	1.650	906	2.565	71	24	31	175	1.425	2.377	560	2.909	349	274	78	
% s/Total	0,4%	0,0%	2,2%	0,0%	2,5%	14,8%	9,9%	5,4%	15,3%	0,4%	0,1%	0,2%	1,0%	8,5%	14,2%	3,3%	17,4%	2,1%	1,6%	0,5%	0,0%

Fuente: Elaboración propia a partir de los datos del Ministerio de Empleo y Seguridad Social (2013).

Las actividades económicas que han generado un mayor nivel de contratación durante el año 2013 en Ceuta son en primer lugar, las actividades sanitarias y los servicios sociales –17,2%–, seguido de la hostelería –15,3%– y, en tercer lugar, la construcción –14,8%–. Las actividades económicas con menos demanda son las industrias extractivas; suministro eléctrico, gas y agua y las actividades inmobiliarias. En cuanto a estos datos, llama la atención que las actividades inmobiliarias apenas hayan generado trabajo a pesar de la importancia del sector de la construcción y de la contratación durante 2013.

Si se analiza la situación desde la perspectiva de género, los datos resultantes se encuentran en la Tabla 7.

Tabla 7. Contratos iniciales realizados en Ceuta a mujeres por durante el año 2013 por tipo de actividad económica

MES	A AGRIC. GANAD. SILV. Y PESCA	B INDUSTRIAS EXTRACTIVAS	C INDUSTRIA MANUFACT.	D SUMN. ELECT. GAS Y A.A.	E SUM. AGUA, RES Y DESC.	F CONSTRUCCIÓN	G COMERCIO. REP. VEHIC.	H TRANSP. ALMACENT.	I HOSTELERÍA	J INFORM AC. COMUNICAC.	K FINANCIERAS Y SEGUROS	L ACTIVIDADES INMOBILIAR.	M ACTIV. PROF. CIENT. Y TEC.	N ACTIV. ADMIN. Y SERV. AUX.	O ADMÓN. PUBL. DEF. Y SSO.	P EDUCACIÓN	Q ACTIV. SAN. Y SERV. SOC.	R ACT. ARTIST. RECR. Y ENT.	S OTROS SERVICIOS	T ACT. HOGAR Y USO PROP.	U ORG. EXTRA-TERRITOR LS.
ene-13			6		14	5	78	15	94	1	1	1	6	114	18	55	165	16	23	7	
feb-13			9		1	6	57	7	73	3		1	4	72	561	32	186	9	15	5	
mar-13			6		3	4	62	15	54	6	2	1	6	75	19	20	146	10	11	9	
abr-13			7		5	3	65	25	82	3	2	2	9	49	14	23	95	9	9	10	
may-13			17		7	4	70	14	196	1	2	1	7	58	2	22	135	5	6	2	
jun-13			2		15	7	88	8	150	1	3	2	7	81	8	20	100	14	12	10	
jul-13	1		5		10	8	116	16	192	4	2		17	104	221	25	272	14	13	9	
ago-13			24		17	8	90	17	123	2		1	2	93	17	13	90	4	4	5	
sep-13			7		10	7	94	16	153	1	1	1	8	82	18	49	138	15	11	4	
oct-13			5		11	5	85	15	126	3	5	1	10	85	174	24	374	18	15	5	
nov-13	1		10			6	98	21	87	1		1	7	76	286	38	110	7	17	2	
dic-13			5		1	2	99	18	144	4	2	3	4	76	8	19	203	11	24	4	
TOTAL	2		103		94	65	1.002	187	1.474	30	20	16	87	965	1.346	340	2.014	132	160	72	
% s/total	0,02%	0,00%	1,27%	0,00%	1,16%	0,80%	12,36%	2,31%	18,18%	0,37%	0,25%	0,20%	1,07%	11,90%	16,60%	4,19%	24,84%	1,63%	1,97%	0,89%	0,00%

Fuente: Elaboración propia a partir de los datos del Ministerio de Empleo y Seguridad Social (2013).

Como se puede observar, un 59,6% de las mujeres han sido contratadas principalmente en las tres actividades económicas de mayor contratación y en mayor número que los hombres. Así, en las actividades sanitarias y los servicios sociales se han realizado un 24,8% de los contratos; en hostelería, un 18,1% y administración pública, un 16,6%.

Para profundizar en el conocimiento del mercado de trabajo en Ceuta, a continuación se va a analizar la contratación inicial por tipo de trabajo. El objetivo es identificar qué tipos de trabajos son los más demandados en este territorio.

Tabla 8. Total contratos de trabajo iniciales según grupo principal de ocupación del puesto en Ceuta durante 2013

	A DIRECT. Y GERENT.	B TÉCNIC. Y PROF. SALUD Y ENSEÑAN.	C OTROS TÉCNIC. CIENT. E INTELECT.	D TÉCNICOS, PROFES. DE APOYO	E EMPLEADOS OFICINA NO PÚBLICO.	F EMPLEADOS OFICINA PÚBLICO	G TRAB. SERV. RESTAUR. Y COMER.	H TRABAJ. SERV. SALUD	I TRAB. SERV. PROT. Y SEGUR.	J TRAB. CUAL. AGRIC. GANAD.	K TRAB. CUALIF. CONSTR.	L TRAB. CUAL. INDUST. MANUFAC.	M OPERADOR INSTAL. Y MAQUIN.	N CONDUC. OPERAD. MAQUIN. MÓVIL	O TRABAJ. NO CUAL. SERVICIOS	P PEONES AGRICULT. CONSTRUC.	Q OCUPAC. MILITARES
ene-13	5	225	13	58	68	21	228	49	20	2	180	57	4	32	281	70	
feb-13	5	127	10	78	19	33	217	52	13	3	152	55	8	26	1.233	86	
mar-13	2	113	8	41	32	26	199	49	17	6	152	42	5	44	162	48	
abr-13	2	129	12	71	28	21	224	36	21	3	139	64	6	43	133	72	
may-13	3	117	4	66	26	41	366	41	10		137	48	22	37	171	76	
jun-13	1	131	12	56	27	42	318	43	44	2	139	64	5	60	225	74	
jul-13	1	248	43	131	61	54	396	126	168	13	201	55	13	54	280	187	
ago-13	1	93	10	36	30	27	255	40	41	5	122	56	7	62	255	95	
sep-13	2	181	20	58	31	35	351	61	20	8	116	54	11	52	183	88	
oct-13	3	318	22	68	41	60	288	215	32		133	50	9	52	294	88	
nov-13	2	200	21	96	61	43	221	65	49	3	210	61	7	52	177	353	
dic-13	1	172	23	43	33	66	351	72	34		77	40	6	42	189	55	
TOTAL	28	2.048	198	802	457	469	3.414	849	469	45	1.758	646	103	556	3.583	1.292	

Fuente: Elaboración propia a partir de los datos del Ministerio de Empleo y Seguridad Social (2013).

De acuerdo a la Tabla 8, un 61,4% de la contratación inicial generada es no cualificada, principalmente en el sector servicios –41,8%–. Entre el trabajo cualificado generado durante el año 2013, destaca la contratación de técnicos y profesionales de salud y enseñanza, un 12,3% del total de los contratos iniciales firmados durante el 2013.

En el caso de las mujeres, como se puede ver en la Tabla 9, la generación de empleo en Ceuta se produce en los dos sectores de mayor ocupación, servicios de restauración y comerciales y trabajo no cualificado en servicios. Un total del 55% del total del nuevo empleo femenino se concentra en estos dos tipos de trabajos. En concreto, un 13,1% más que en el caso de los hombres. Si se analiza el trabajo cualificado, la presencia de la mujer es inferior en todas las ocupaciones con la excepción de técnicos y profesionales de salud y enseñanza que es un 4,1% superior que en el caso de los hombres.

Tabla 9. Total contratos de trabajo iniciales en mujeres según grupo principal de ocupación del puesto en Ceuta durante 2013

MES	A DIRECT. Y GERENT.	B TÉCNIC. Y PROF. SALUD Y ENSEÑAN.	C OTROS TÉCNIC. CIENT. E INTELECT.	D TÉCNICOS, PROFES. DE APOYO	E EMPLEADOS OFICINA NO PÚBLICO.	F EMPLEADOS OFICINA PÚBLICO	G TRAB. SERV. RESTAUR. Y COMER.	H TRABAJ. SERV. SALUD	I TRAB. SERV PROT. Y SEGUR.	J TRAB. CUAL. AGRIC. GANAD.	K TRAB. QUALIF. CONSTR.	L TRAB. CUAL. INDUST. MANUFAC.	M OPERADOR INSTAL. Y MAQUIN.	N CONDUC. OPERAD. MAQUIN. MOVIL.	O TRABAJ. NO CUAL. SERVICIOS	P PEONES AGRICULT. CONSTRUC.	Q OCUPAC. MILITARES
ene-13		145	6	36	50	14	160	34	6						164	4	
feb-13	1	99	2	47	11	26	130	43	4	1	1	1	3		659	13	
mar-13		88	8	16	21	20	126	38	5			2	3		113	9	
abr-13	2	75	6	22	22	13	136	28	4		1				95	8	
may-13		81	4	13	21	21	222	29	3			1	1	4	135	14	
jun-13		71	5	15	16	30	197	31	17			1	1		138	6	
jul-13		146	28	47	45	43	264	108	45	4	9	1	3	2	196	89	
ago-13		52	5	12	17	17	179	32	14	1	2		2		152	24	
sep-13	1	106	17	16	23	21	212	51	10			1	6	1	139	9	
oct-13	1	236	16	26	30	46	186	181	10			1	6		215	6	
nov-13		115	15	42	41	14	148	51	13	1	1	3			147	177	
dic-13		107	13	17	21	40	210	56	16			1	3	3	134	6	
TOTAL	5	1.323	125	309	318	305	2.170	682	147	7	18	15	29	4	2.287	365	

Fuente: Elaboración propia a partir de los datos del Ministerio de Empleo y Seguridad Social (2013).

A continuación se han estudiado las características personales de las personas contratadas inicialmente durante 2013 por tipo de contrato. En primer lugar se analiza el rango de edad en los contratos indefinidos por género. Los contratos estables indefinidos predominan en el rango de edad de 30 a 39 años tanto en hombres como en mujeres, aunque se producen de forma superior en el caso de los hombres que en el de las mujeres, un 19,9% frente a un 12,7%. En todos los rangos de edad se han realizado más contratos indefinidos en el caso de los hombres.

Tabla 10. Contratos indefinidos en 2013 en Ceuta según sexo y edad

MES	TOTAL	HOMBRES					MUJERES				
		<25	25-29	30-39	40-44	>45	<25	25-29	30-39	40-44	>45
ene-13	70	4	8	19	8	5	5	7	6	5	3
feb-13	73	4	8	17	5	9	7	8	6	3	6
mar-13	76	9	3	16	9	13	4	3	12	3	4
abr-13	90	6	13	20	10	6	3	6	13	4	9
may-13	97	2	9	19	12	20	6	6	11	5	7
jun-13	87	7	7	19	7	13	4	5	15	5	5
jul-13	77	4	10	10	9	7	10	10	11	2	4
ago-13	49	2	3	8	6	6	9	5	2	2	6
sep-13	91	16	14	19	6	4	9	4	9	6	4
oct-13	73	4	10	14	9	17		2	9	6	2
nov-13	58	2	3	10	4	5	10	7	8	2	7
dic-13	63	3	5	9	8	7	4	6	13	2	6
TOTAL	904	63	93	180	93	112	71	69	115	45	63

Fuente: Elaboración propia a partir de los datos del Ministerio de Empleo y Seguridad Social (2013).

Respecto al tipo de contrato (ver Tabla 11) en los contratos indefinidos, más del cincuenta por ciento son contratos de jornada completa. Sin embargo, la balanza se inclina fuertemente del lado de los hombres, los cuales han firmado el 63,6% del total de los contratos indefinidos a tiempo completo y el 56,1% de los contratos indefinidos a tiempo parcial.

Tabla 11. Contratos indefinidos en 2013 en Ceuta según sexo y tipo de jornada

MES	TOTAL	AMBOS SEXOS			HOMBRES			MUJERES		
		JORNADA COMPLETA	JORNADA PARCIAL	FIJOS DISCONTINUOS	JORNADA COMPLETA	JORNADA PARCIAL	FIJOS DISCONTINUOS	JORNADA COMPLETA	JORNADA PARCIAL	FIJOS DISCONTINUOS
ene-13	70	46	24		32	12		14	12	
feb-13	73	34	35	4	23	19	1	11	16	3
mar-13	76	37	31	8	26	17	7	11	14	1
abr-13	90	54	35	1	37	18		17	17	1
may-13	97	61	36		45	17		16	19	
jun-13	87	49	38		27	26		22	12	
jul-13	77	42	35		21	19		21	16	
ago-13	49	24	22	3	16	9		8	13	3
sep-13	91	32	54	5	21	36	2	11	18	3
oct-13	73	36	35	2	28	25	1	8	10	1
nov-13	58	32	26		13	11		19	15	
dic-13	63	34	28	1	17	15		17	13	1
TOTAL	**904**	**481**	**399**	**24**	**306**	**224**	**11**	**175**	**175**	**13**

Fuente: Elaboración propia a partir de los datos del Ministerio de Empleo y Seguridad Social (2013).

Ampliando la información, las personas con discapacidad han conseguido únicamente tres contratos indefinidos de los cuales el 66,7% son mujeres (2 mujeres y un hombre).

En el caso de los contratos de obra o servicio, la Tabla 12 muestra la distribución por género y edad de este tipo de contratos. Igual que ha ocurrido con los contratos indefinidos, la mayor parte de estos contratos se han firmado en el rango de edad de 30 a 39 años en ambos sexos y en todos los rangos de edad.

Tabla 12. Contratos de obra o servicio en 2013 en Ceuta según sexo y edad

MES	TOTAL	HOMBRES					MUJERES				
		<25	25-29	30-39	40-44	>45	<25	25-29	30-39	40-44	>45
ene-13	673	25	53	154	69	110	18	52	91	52	49
feb-13	1.603	47	67	235	151	364	50	44	266	112	267
mar-13	480	27	42	113	42	73	10	19	74	25	55
abr-13	391	35	35	119	60	73	6	12	24	9	18
may-13	357	17	29	100	58	57	6	16	37	11	26
jun-13	410	38	46	121	39	74	10	27	31	16	8
jul-13	915	149	109	149	48	84	110	139	67	21	39
ago-13	436	50	45	94	43	69	29	27	38	12	29
sep-13	445	18	44	102	57	94	17	22	55	10	26
oct-13	643	34	51	117	57	86	33	59	90	36	80
nov-13	930	38	51	155	98	205	30	47	126	56	124
dic-13	342	27	30	78	29	45	16	27	51	17	22
TOTAL	**7.625**	**505**	**602**	**1.537**	**751**	**1.334**	**335**	**491**	**950**	**377**	**743**

Fuente: Elaboración propia a partir de los datos del Ministerio de Empleo y Seguridad Social (2013).

Este mismo comportamiento se encuentra en los contratos eventuales por necesidades de la producción (ver Tabla 13), solo que en este caso las mujeres han obtenido un número mayor que los hombres de este tipo de contratos en todos los rangos de edad. Este dato es preocupante dado que pudiera reflejar un sesgo de precariedad que afecta a las mujeres al ocupar contratos más volátiles que los hombres y con menos posibilidades de convertirse en indefinidos.

Tabla 13. Contratos de eventuales por necesidades de la producción en 2013 en Ceuta según sexo y edad

MES	TOTAL	HOMBRES					MUJERES				
		<25	25-29	30-39	40-44	>45	<25	25-29	30-39	40-44	>45
ene-13	437	48	36	57	32	23	71	49	66	32	23
feb-13	291	32	25	47	18	16	30	36	41	26	20
mar-13	292	25	28	39	12	20	38	41	44	27	18
abr-13	373	37	34	44	17	29	35	34	62	41	40
may-13	551	57	72	55	31	34	79	66	76	42	39
jun-13	600	67	65	75	39	53	73	61	94	32	41
jul-13	705	59	52	103	42	63	97	75	120	37	57
ago-13	478	46	38	91	20	42	50	41	72	32	46
sep-13	546	67	46	65	17	30	71	69	95	24	62
oct-13	559	35	47	85	28	40	56	70	98	27	73
nov-13	489	36	40	88	29	41	46	33	103	29	44
dic-13	581	58	39	92	21	48	68	74	99	28	54
TOTAL	5.902	567	522	841	306	439	714	649	970	377	517

Fuente: Elaboración propia a partir de los datos del Ministerio de Empleo y Seguridad Social (2013).

El mismo comportamiento de los contratos eventuales siguen los contratos de interinidad (ver Tabla 14), solo que en este caso es poco probable el mantenimiento de un puesto de trabajo adicional cuando se termina la situación que lo provocó.

Tabla 14. Contratos de interinidad en 2013 en Ceuta según sexo y edad.

MES	TOTAL	HOMBRES					MUJERES				
		<25	25-29	30-39	40-44	>45	<25	25-29	30-39	40-44	>45
ene-13	91	6	7	6	3	1	15	13	20	3	17
feb-13	144	3	7	4	5	8	12	15	44	13	33
mar-13	92	2	10	5	3	3	8	9	23	12	17
abr-13	143	4	18	11	5	9	11	17	25	10	33
may-13	143	3	15	11	7	3	15	22	35	12	20
jun-13	136	10	13	5	5	5	15	30	25	9	19
jul-13	295	13	26	24	5	10	28	24	73	25	67
ago-13	160	13	16	12	5	14	16	21	26	14	23
sep-13	171	6	15	10	6	10	22	29	28	11	34
oct-13	388	6	21	25	11	12	26	33	105	46	103
nov-13	137	6	8	13	3	12	12	21	20	21	21
dic-13	197	8	21	14	2	15	13	17	22	38	47
TOTAL	2.097	80	177	140	60	102	193	251	446	214	434

Fuente: Elaboración propia a partir de los datos del Ministerio de Empleo y Seguridad Social (2013).

Los contratos de relevo, jubilación parcial y sustitución por sustitución a los 64 años, son residuales, solo se ha producido 1 de cada tipo en todo el año.

Los contratos iniciales de obra o servicio son de duración diversa, pero destaca que casi un 10% son de una duración inferior a 7 días y un 14,7% entre 6 y 12 meses. La enorme mayoría no tiene una duración determinada quedando al arbitrio del contratador esa duración (ver Tabla 15).

Tabla 15. Contratos de obra o servicio según duración en Ceuta durante 2013.

MES	<=7 DIAS	>7 Y <=15 DIAS	>15 DIAS Y <=1 MES	>1 Y <=3 MESES	>3 Y <=6 MESES	>6 Y <=12 MESES	>12 Y <=18 MESES	>18 Y <=24 MESES	>24 MESES	INDETER-MINADOS
ene-13	170	11	21	10	7	7		4		443
feb-13	96	16	44	12	1.102	1				332
mar-13	107	6	52	5	12	2	2			294
abr-13	16	5	10	14	2	11				333
may-13	34	9	32	5	1					276
jun-13	40	5	12	3	2	9	1			338
jul-13	95	7	25	89	4	282				413
ago-13	40	21	40	4	3	33				295
sep-13	31	7	24	7	14	11		2		349
oct-13	27	4	28	26	2	194		1		361
nov-13	50	3	18	9	5	541				304
dic-13	37	3	33	2		29				238
TOTAL	743	97	339	186	1.154	1.120	3	7		3.976
% s/total	9,7%	1,3%	4,4%	2,4%	15,1%	14,7%	0,0%	0,1%	0,0%	52,1%

Fuente: Elaboración propia a partir de los datos del Ministerio de Empleo y Seguridad Social (2013).

En el caso de los contratos eventuales, como se puede ver en la Tabla 16, los contratos por necesidades de la producción son cortos, un 63,4% de los contratos se firman por un periodo inferior o igual a un mes y solo un 2,2% de los contratos son superiores o iguales a seis meses. Es decir, son contratos de muy corta duración que no generan prestaciones sociales.

Como era de esperar en los contratos de prácticas se reduce la edad de las personas que firman un contrato inicial. Sin embargo, el rango de edad es amplio desde menos de 25 años hasta 29 años, aunque se producen algunos de estos contratos en rangos superiores de edad como se puede ver en la Tabla 17. No obstante, como se ha comentado, este dato de contratación es preocupante dada la juventud de la población de Ceuta. Parece necesario como futura línea de actuación cruzar estos datos con los de la población estudiantil en sus distintos niveles y los graduados anuales.

Tabla 16. Contratos eventuales por circunstancias de la producción según duración en Ceuta durante 2013.

MES	<= 1 MES	> 1 Y <= 3 MESES	> 3 Y <= 6 MESES	>= 6 MESES
ene-13	259	94	76	8
feb-13	133	86	59	13
mar-13	158	90	34	10
abr-13	208	92	66	7
may-13	374	97	67	13
jun-13	335	179	71	15
jul-13	452	189	51	13
ago-13	326	104	42	6
sep-13	378	100	54	14
oct-13	383	111	52	13
nov-13	303	105	70	11
dic-13	435	94	48	4
TOTAL	3.744	1.341	690	127
% s/total	63,4%	22,7%	11,7%	2,2%

Fuente: Elaboración propia a partir de los datos del Ministerio de Empleo y Seguridad Social (2013).

Tabla 17. Contratos de prácticas en 2013 en Ceuta según sexo y edad.

MES	TOTAL	HOMBRES					MUJERES				
		<25	25-29	30-39	40-44	>45	<25	25-29	30-39	40-44	>45
ene-13	2	1						1			
feb-13	1		1								
mar-13	2						1	1			
abr-13											
may-13	7		1	1		1		3	1		
jun-13	5	1	2				2				
jul-13	8	4				1		3			
ago-13	2						2				
sep-13	3	1					1	1			
oct-13	2	1							1		
nov-13	1		1								
dic-13	1						1				
TOTAL	34	8	5	1		2	7	9	2		

Fuente: Elaboración propia a partir de los datos del Ministerio de Empleo y Seguridad Social (2013).

Lo mismo ocurre con los contratos de formación (ver Tabla 18). Más del 50% de los mismos se han formalizado entre personas menores de 25 años, pero al igual que en el caso del tipo de contrato anteriormente analizado, la escasez de estos contratos hace necesario un análisis más en profundidad en la línea que se ha apuntado.

Tabla 18. Contratos de formación en 2013 en Ceuta según sexo y edad.

MES	TOTAL	HOMBRES					MUJERES				
		<25	25-29	30-39	40-44	>45	<25	25-29	30-39	40-44	>45
ene-13	33		1	8	3	5	1	1	8	3	3
feb-13	3	3									
mar-13	3	3									
abr-13											
may-13	6						5	1			
jun-13	2	2									
jul-13	31	19				1	10	1			
ago-13	8	1	1				5	1			
sep-13	12	5	3				1	3			
oct-13	6	2					2	2			
nov-13	4	4									
dic-13											
TOTAL	108	39	5	8	4	5	24	9	8	3	3

Fuente: Elaboración propia a partir de los datos del Ministerio de Empleo y Seguridad Social (2013).

Una vez finalizado el contrato inicial, las prórrogas de los contratos se pueden ver en la Tabla 19. Como se observa, un 92% de los contratos eventuales por necesidades de la producción se renuevan, siendo irrelevante la cantidad del resto de los contratos que se renuevan

Tabla 19. Prórrogas según tipo de contrato en Ceuta durante 2013

MES	TOTAL	OBRA O SERVICIO	EVENT. CIRC. DE LA PRODUC.	INTERINIDAD	TEMPORAL PERS.CON DISCAPACIDAD	RELEVO	JUBILACIÓN PARCIAL	SUST. JUBILACIÓN 64 AÑOS	PRACTICAS	FORMACIÓN	OTROS CONTRATOS
ene-13	233	44	183		2				3	1	
feb-13	90	1	86	2					1		
mar-13	80		78						2		
abr-13	80	2	75						1	2	
may-13	89		89								
jun-13	90	1	88							1	
jul-13	113	3	105	1	1				2	1	
ago-13	114		110	2					1	1	
sep-13	164	2	156		1				2	3	
oct-13	146	1	145								
nov-13	83	2	77	1					1	2	
dic-13	114	21	91						2		
TOTAL	1.396	77	1.283	6	4				15	11	

Fuente: Elaboración propia a partir de los datos del Ministerio de Empleo y Seguridad Social (2013).

Profundizando en el comportamiento de las prórrogas de los contratos, la mayoría de las prórrogas se concentran en el rango de edad entre 25 y 44 años tanto en hombres como en mujeres. En el caso de actividad económica, el 78% de las prórrogas de los contratos se realizan en el sector de servicios.

Tabla 20. Prórrogas según sexo, edad y sector de actividad en Ceuta durante 2013

MES	TOTAL	SEXO Y EDAD						SECTOR DE ACTIVIDAD ECONÓMICA			
		HOMBRES			MUJERES						
		< 25 AÑOS	25 - 44 AÑOS	>= 45 AÑOS	< 25 AÑOS	25 - 44 AÑOS	>= 45 AÑOS	AGRICULT.	INDUSTRIA	CONSTRUCCIÓN	SERVICIOS
ene-13	233	18	60	33	25	77	20		59	6	168
feb-13	90	7	31	8	8	30	6		13	1	76
mar-13	80	9	25	4	6	33	3		5	4	71
abr-13	80	8	26	1	13	23	9				80
may-13	89	7	23	10	10	31	8		19		70
jun-13	90	6	37	9	6	27	5		29	1	60
jul-13	113	9	29	14	15	35	11		10	10	93
ago-13	114	14	37	10	8	40	5		40	3	71
sep-13	164	21	47	15	17	52	12		22	22	120
oct-13	146	13	50	11	9	51	12		31	4	111
nov-13	83	8	23	3	9	31	9	·	14	2	67
dic-13	114	12	31	9	13	38	11		5	2	107
TOTAL	1.396	132	419	127	139	468	111		247	55	1.094

Fuente: Elaboración propia a partir de los datos del Ministerio de Empleo y Seguridad Social (2013).

Además, algunos de los contratos que inicialmente son contratos distintos al indefinido, se convierten en indefinidos tras un periodo contractual distinto. La conversión durante 2013 de cualquier tipo de contrato en contrato indefinido se muestra en la Tabla 21. Como se puede ver, son los contratos que se firman inicialmente como contratos eventuales por necesidades de la producción los que tienen más posibilidad de convertirse en indefinidos como se había apuntado previamente. Sin embargo, la cantidad de contratos que se constituyen en indefinidos son muy pocos –3%– del total de los contratos no indefinidos al inicio del periodo.

Profundizando en los contratos convertidos en indefinidos, otra información adicional se presenta en la Tabla 22. Del total de los contratos convertidos en indefinidos,el 57,1% son a jornada completa. En el caso del sexo, el 59,7% de los contratos convertidos en indefinidos son firmados por hombres.

**Tabla 21. Contratos convertidos en indefinidos según
tipo de contrato en Ceuta durante 2013.**

MES	TOTAL	OBRA O SERVICIO	EVENT. CIRCUNST. PRODUCCIÓN	INTERINIDAD	TEMP. PERSONAS CON DISCAPACIDAD	RELEVO	SUSTITUCIÓN JUBILACIÓN 64 AÑOS	PRÁCTICAS	FORMACIÓN	OTROS CONTRATOS
ene-13	35	2	33							
feb-13	30	11	17	1				1		
mar-13	52	22	29	1						
abr-13	50	11	37	2						
may-13	54	7	44	1	1		1			
jun-13	37	1	36							
jul-13	42	15	25	1				1		
ago-13	29	4	25							
sep-13	58	15	41					1	1	
oct-13	41	3	37	1						
nov-13	40	5	31	1						3
dic-13	38	6	32							
TOTAL	**506**	**102**	**387**	**8**	**1**		**1**	**3**		**4**

Fuente: Elaboración propia a partir de los datos del Ministerio de Empleo y Seguridad Social (2013).

**Tabla 22. Contratos convertidos en indefinidos según
sexo y tipo de contrato en Ceuta durante 2013.**

MES	TOTAL	AMBOS SEXOS			HOMBRES			MUJERES		
		PARCIAL JORNADA PARCIAL	COMPLETA JORNADA COMPLETA	FIJOS DISCONTINUOS FIJOS DISCONTINUOS	PARCIAL JORNADA PARCIAL	COMPLETA JORNADA COMPLETA	FIJOS DISCONTINUOS FIJOS DISCONTINUOS	PARCIAL JORNADA PARCIAL	COMPLETA JORNADA COMPLETA	FIJOS DISCONTINUOS FIJOS DISCONTINUOS
ene-13	35	16	19		8	16		8	3	
feb-13	30	5	25		3	16		2	9	
mar-13	52	13	39		9	32		4	7	
abr-13	50	25	25		21	11		4	14	
may-13	54	28	26		19	13		9	13	
jun-13	37	15	22		7	10		8	12	
jul-13	42	19	23		13	7		6	16	
ago-13	29	19	10		17	4		2	6	
sep-13	58	22	35	1	15	15	1	7	20	
oct-13	41	20	21		15	8		5	13	
nov-13	40	16	24		6	12		10	12	
dic-13	38	18	20		16	8		2	12	
TOTAL	**506**	**216**	**289**	**1**	**149**	**152**	**1**	**67**	**137**	

Fuente: Elaboración propia a partir de los datos del Ministerio de Empleo y Seguridad Social (2013).

Puesto que los contratos que principalmente se convierten en indefinidos son los contratos iniciales eventuales por circunstancias de la producción, puede resultar de interés conocer su comportamiento por rango de edad y género (ver Tabla 23).

Como se puede ver en la Tabla 23, el 42,4% de estos contratos han sido firmados por mujeres y el rango de edad donde se han firmado principalmente ese tipo de contratos está entre 30 y 39 años en ambos sexos. Así, la contratación global que se ha producido en Ceuta durante 2013 se da entre personas de edad media, datos preocupantes dada la población ceutí y lo que han apuntado estudios anteriores sobre el empobrecimiento de la población juvenil.

Tabla 23. Contratos eventuales por circunstancias de la producción convertidos en indefinidos según sexo y edad en Ceuta durante 2013

MES	TOTAL	HOMBRES					MUJERES				
		< 25	25 - 29	30 - 39	40 - 44	> 45	< 25	25 - 29	30 - 39	40 - 44	> 45
ene-13	33	3	5	8	1	7	3	3	3		
feb-13	17	3	2		1	3	1	5	2		
mar-13	29	3	6	6	1	5		3	3	1	1
abr-13	37	1	6	5	8	2	3	6	5		1
may-13	44	5	8	12		1	3	5	6	3	1
jun-13	36	2	3	9	1	1	5	4	5	2	4
jul-13	25	2	3	8	1	1	3	2	4	1	
ago-13	25	1	3	8	2	3	3	2	1		2
sep-13	41	3	6	3	3	4	4	7	8	2	1
oct-13	37	5	2	10	2	3		7	6	1	1
nov-13	31	2	2	7	2	1	2	2	7	3	3
dic-13	32	4	1	7	2	4	3	4	3	2	2
TOTAL	387	34	47	83	24	35	30	50	53	15	16

Fuente: Elaboración propia a partir de los datos del Ministerio de Empleo y Seguridad Social (2013).

En el caso del resto de tipos de contratos –interinidad, contratos temporales para personas con discapacidad, contratos por sustitución por jubilación a los 64 años, contrato de prácticas, relevo y contrato de formación– son residuales.

Finalmente, se va a dar unos datos sobre las adscripciones temporales en colaboración social en Ceuta durante 2013. Como se puede ver en la Tabla 24, este tipo de contratos se han firmado principalmente por hombres –el 75% de los mismos–. Además la gran mayoría de estos contratos se han producido en el rango de personas de igual o más de cuarenta y cinco años en ambos sexos.

**Tabla 24. Adscripciones temporales en colaboración social
según sexo y edad en Ceuta durante 2013**

MES	TOTAL	HOMBRES					MUJERES				
		< 25	25 - 29	30 - 39	40 - 44	>= 45	< 25	25 - 29	30 - 39	40 - 44	>= 45
ene-13	2					2					
feb-13	2			1		1					
mar-13	1							1			
abr-13	4					4					
may-13	43	1		4	1	24	2	1		2	8
jun-13	12			1		11					
jul-13	15			4	3	3		1		1	3
ago-13	7			2	1			1			3
sep-13	7					5					2
oct-13	6				1	4					1
nov-13	7					7					
dic-13	14			3		7					4
TOTAL	120	1		15	6	68	2	4		3	21

Fuente: Elaboración propia a partir de los datos del Ministerio de Empleo y Seguridad Social (2013).

Si se analiza por sector de actividad económica, este tipo de colaboración social se ha producido en su totalidad en el sector servicios (ver Tabla 25).

**Tabla 25. Adscripciones temporales en colaboración social según
sexo y sector de actividad económica en Ceuta durante 2013**

MES	TOTAL	HOMBRES				MUJERES			
		AGRICULTURA	INDUSTRIA	CONSTRUCCION	SERVICIOS	AGRICULTURA	INDUSTRIA	CONSTRUCCION	SERVICIOS
ene-13	2				2				
feb-13	2				2				
mar-13	1								1
abr-13	4				4				
may-13	43				30				13
jun-13	12				12				
jul-13	15				10				5
ago-13	7				3				4
sep-13	7				5				2
oct-13	6				5				1
nov-13	7				7				
dic-13	14				10				4
TOTAL	120				90				30

Fuente: Elaboración propia a partir de los datos del Ministerio de Empleo y Seguridad Social (2013).

Para completar este estudio solo falta analizar los contratos realizados a extranjeros. Las Tablas 26 y 27 dan cuenta de la contratación efectuada en Ceuta durante 2013. Así, el 94,3% de los contratos realizados corresponden a ciudadanos extracomunitarios. Esta situación es normal dadas las peculiaridades del territorio de Ceuta –frontera de la Unión Europea en el continente africano–. Además el 84,1% de los contratos realizados a extranjeros son temporales.

Tabla 26. Contratos a extranjeros según tipo de contrato en Ceuta durante 2013

	TOTAL	COMUNITARIOS				EXTRACOMUNITARIOS			
		TOTAL	INDEFINIDOS INICIALES	CONVERTIDOS EN INDEFINIDOS	TEMPORALES	TOTAL	INDEFINIDOS INICIALES	CONVERTIDOS EN INDEFINIDOS	TEMPORALES
ene-13	166	15	1		14	151	17	4	130
feb-13	317	8			8	309	19	6	284
mar-13	116	6			6	110	21	7	82
abr-13	172	7	2		5	165	29	13	123
may-13	161	10		1	9	151	18	12	121
jun-13	174	6			6	168	24	8	136
jul-13	196	8			8	188	18	7	163
ago-13	123	6			6	117	8	8	101
sep-13	126	10			10	116	16	6	94
oct-13	160	13			13	147	19	8	120
nov-13	156	7			7	149	13	9	127
dic-13	125	17	1		16	108	14	7	87
TOTAL	1.992	113	4	1	108	1.879	216	95	1.568
%s/Total	100%	5,7%	0,2%	0,1%	5,4%	94,3%	10,8%	4,8%	78,7%

Fuente: Elaboración propia a partir de los datos del Ministerio de Empleo y Seguridad Social (2013).

La mayoría de los contratos a extranjeros corresponden a hombres, un 72,6% del total de los contratos. Además, un 50,5% de los contratos realizados corresponden a hombres extranjeros de entre 25 y 44 años. Si se analiza por sector de actividad, el sector servicios aglutina la mayor parte de los contratos, el 62,5% del total de los contratos firmados por extranjeros (ver Tabla 27).

Tabla 27. Contratos a extranjeros según sexo, edad, sectores en Ceuta durante 2013

MES	TOTAL	HOMBRES			MUJERES			SECTORES			
		<25 AÑOS	25-44 AÑOS	>=45 AÑOS	<25 AÑOS	25-44 AÑOS	>=45 AÑOS	AGRICULT.	INDUSTRIA	CONSTRUCCIÓN	SERVICIOS
ene-13	166	8	83	36	4	30	5		10	69	87
feb-13	317	5	122	82	2	67	39		8	69	240
mar-13	116	2	73	14		23	4	1	2	42	71
abr-13	172	6	90	38	1	26	11	2	8	70	92
may-13	161	10	91	28		27	5		2	66	93
jun-13	174	5	110	23		31	5		6	83	85
jul-13	196	6	94	27	7	57	5		7	68	121
ago-13	123	4	68	20	2	19	10		4	42	77
sep-13	126	9	67	18		23	9		4	41	81
oct-13	160	5	79	33	5	27	11		3	63	94
nov-13	156	2	66	32	2	42	12		7	42	107
dic-13	125	8	63	19		25	10		3	25	97
TOTAL	1.992	70	1.006	370	23	397	126	3	64	680	1.245
%s/total	100%	3,5%	50,5%	18,6%	1,2%	19,9%	6,3%	0,2%	3,2%	34,1%	62,5%

Fuente: Elaboración propia a partir de los datos del Ministerio de Empleo y Seguridad Social (2013).

En síntesis, de acuerdo con el análisis realizado se puede afirmar que:

- El mercado de trabajo en Ceuta es limitado, no solo desde el punto de vista territorial, sino también horizontalmente, ya que el trabajo se genera en muy pocos sectores de actividad. Por ejemplo, en 2013 se ha creado principalmente en el sector de servicios, en tres actividades económicas y en muy pocos perfiles laborales. Otro elemento de limitación del mercado de trabajo viene dado por la baja utilización de algunos tipos de contratos que podrían servir de elemento dinamizador.

- El mercado de trabajo en Ceuta es muy volátil, especialmente en el caso de las mujeres, y fuertemente ligado al ciclo económico y a la demanda interna, lo que supone un porcentaje muy elevado de empleo temporal.

- El trabajo que se genera entre la población juvenil es muy escaso y no se corresponde con la distribución poblacional de Ceuta, hecho que parece indicar la necesidad de elaborar un plan específico de empleo juvenil.

- Respecto a las mujeres, se confirma lo que había puesto de manifiesto la investigación previa: que el trabajo de la mujer se concentra en el sector de servicios donde la estabilidad es menor y la temporalidad es de corta duración. Estos datos debilitan el empoderamiento económico de la mujer y pueden afectar negativamente a su situación sociolaboral.

4

PERFILES PROFESIONALES Y PUESTOS DE TRABAJO MÁS DEMANDADOS EN CEUTA: ANÁLISIS DESDE LA PERSPECTIVA DE GÉNERO

Las cifras de baja contratación que muestra el análisis realizado en el apartado anterior nos condujo a analizar los perfiles profesionales más demandados a nivel nacional en 2013, los requisitos formativos y de competencias asociados a estos perfiles y el acceso que los ciudadanos de Ceuta habían tenido a tal demanda.

Tomando como referencia los informes del Observatorio de las Ocupaciones del Ministerio de Empleo y Seguridad Social sobre los Perfiles de la Oferta de Empleo de los años 2012 y 2013, se va a analizar de forma general las ocupaciones con una mayor demanda durante los años 2012 y 2013 para posteriormente analizar cuál es la situación específica de Ceuta.

La Tabla 28 muestra los perfiles más solicitados durante esos dos periodos en el territorio nacional. Como se puede observar, la variación que se produce en los perfiles que demanda el mercado es alta, aunque se mantiene la demanda de puestos relacionados con ventas y de profesionales cualificados en oficios técnicos e industriales. Esta alta volatilidad de la demanda dificulta la movilidad funcional de los trabajadores formados en un área específica hacia otra distinta, lo cual supone un problema relevante del mercado de trabajo que tiende a la solicitud de perfiles especializados pero a la vez con conocimientos y competencias multidisciplinares.

Tabla 28. Perfiles más demandados durante 2012 y 2013 en el territorio nacional

1. Directores comerciales, de investigación y desarrollo.	1. Fisioterapeutas.
2. Médicos de familia y especialistas.	2. Ingenieros en telecomunicaciones.
3. Otros profesionales de la formación.	3. Diseñadores.
4. Ingenieros industriales y de producción.	4. Desarrolladores de videojuegos.
5. Profesionales de las tecnologías de la información.	5. Programadores informáticos (incluye Especialistas en ciberseguridad).
6. Representantes, agentes comerciales y afines.	6. Técnicos de laboratorio en química industrial.
7. Profesionales del área de apoyo en la empresa.	7. Técnicos en control de calidad.
8. Cocineros.	8. Animadores de tiempo libre.
9. Camareros.	9. Recepcionistas de hoteles.
10. Vendedores en tiendas y almacenes.	10. Teleoperadores y operadores de telemarketing.
11. Auxiliares de enfermería.	11. Empleados administrativos comerciales.
12. Trabajadores de los cuidados a las personas.	12. Empleados de logística y transporte de mercancías.
13. Peluqueros y especialistas en tratamientos de estética.	13. Empleados administrativos.
14. Personal de seguridad privado.	14. Promotores de venta.
15. Trabajadores cualificados en actividades agrícolas.	15. Cajeros y reponedores de comercio.
16. Soldadores.	16. Mecánicos de mantenimiento.
17. Mecánicos de equipos electrónicos.	17. Mantenedor de edificios.
18. Conductores de vehículos para el transporte urbano o por carretera.	18. Trabajadores del transporte de mercancías y descargadores.

Fuente: Elaboración propia a partir del Observatorio de Empleo (2012).

En el caso del Informe del 2012, referido a lo ocurrido durante el año 2011, respecto a Ceuta se señalan los siguientes datos que se consideran relevantes.

En primer lugar, que en Ceuta el desempleo en el perfil de los profesionales de formación es muy baja, estaba por debajo del 1%. Además, es un perfil que su comportamiento es mejor que el de la media del mercado. Como apunta el informe, es una profesión feminizada en la que el 73,44% de los demandantes de empleo apuntados en el servicio estatal en ese periodo en esta ocupación son mujeres.

Respecto al perfil formativo y de experiencia que se requiere para este perfil, principalmente es un título universitario genérico o específico acorde con la materia a impartir. Además, se suele requerir formación complementaria como el Certificado de Aptitud Pedagógica o el curso de Formador de Formadores. En lo que tiene que ver con la experiencia previa, se suele solicitar experiencia previa de al menos un año.

En el caso de los ingenieros industriales y de producción, este perfil apenas es demandado en Ceuta, ya que la oferta de empleo es inferior al 1%. Una explicación de esto viene dado por la falta de industria existente en esta ciudad. La misma situación ocurre con el perfil de peluqueros y especialistas en tratamientos de estética. La demanda durante el periodo analizado fue también inferior al 1%.

Estos dos perfiles son totalmente distintos. El perfil de ingeniero industrial es una ocupación con predominio total de los hombres, con un nivel formativo universitario de titulado superior o medio con alguna especialidad destacando las de mecánica, electrónica, procesos de trabajo, automatismos que suele incluir programación, medio ambiente orientado al ahorro energético y prevención de riesgos laborales. Un alto porcentaje de la oferta solicita una formación adicional de Posgrado y experiencia entre dos y cinco años. Sin embargo, en el perfil de peluqueros y especialistas en tratamientos de estética se trata de una ocupación tradicionalmente femenina, con una alta estabilidad en el empleo. El nivel formativo es de formación profesional o ciclo de grado medio o superior. Se suele pedir experiencia previa de al menos seis meses. Es un tipo de empleo en el que el autoempleo suele ser alto, lo que explicaría la falta de demanda específica que solo se produce si se desea incrementar el número de trabajadoras o ampliar la línea de servicios.

Como aspectos destacables se pone de relieve que hoy en día no es suficiente la formación requerida para el puesto, sino que es necesario un plus de competencias formativas y capacidades personales. Llama la atención que dos tercios de las ofertas de trabajo que se han producido durante 2011 requieren o bien el nivel formativo de formación profesional o bien un título universitario. También un volumen importante de las ofertas requieren idiomas, movilidad geográfica y conocimientos de informática como algo asociado a cualquier tipo de puesto.

El informe concluye con unas palabras que merece la pena reproducir y que van a marcar el mercado de trabajo de los próximos años:

> *"Se observa un creciente nivel de exigencia en todos los requisitos en general, en un contexto de fuerte competencia y una descompensada relación entre oferta y demanda, y no solo en sentido cuantitativo. El mercado demanda profesionales comprometidos con el trabajo, que puedan adaptarse a situaciones cambiantes de flexibilidad y competitividad" (p. 84).*

En el caso del informe del 2013 también se pueden encontrar algunos datos relevantes respecto a Ceuta. Así, en la Tabla 29 se muestran, por cada uno de los perfiles profesionales más demandados, el comportamiento de los mismos en la contratación y el desempleo en Ceuta. Los contratos se refieren al acumulado anual a lo largo de 2012 y su variación es con respecto a 2011. El desempleo se refiere a diciembre de 2012 y su variación es con respecto a diciembre de 2011.

Los perfiles profesionales con mayor contratación en Ceuta han sido los de empleados administrativos, cajeros y reponedores de comercio, trabajadores de transporte de mercancías y descargadores y animadores de tiempo libre por este orden y con bastante distancia respecto al resto de ocupaciones.

Profundizando en cada uno de estos perfiles profesionales se van a analizar las principales características de cada uno de ellos.

En primer lugar, respecto a los empleados administrativos, se pide un nivel formativo de formación profesional o grado medio de administración y finanzas y, en alta medida, estudios universitarios relacionados con el área económica. Adicionalmente, se piden idiomas, uso de herramientas informáticas específicas de gestión y competencias personales como capacidad de resolución, don de gentes y confidencialidad en el tratamiento de la información. En este perfil profesional hay una alta concentración femenina –alrededor del 70%–, es una profesión con una alta transversalidad en la que se pueden realizar multitud de tareas y ocupar distintos puestos de trabajo, aunque hay una tendencia hacia la especialización.

Respecto al perfil de cajeros y reponedores de comercio el nivel formativo es bajo, el 70% requiere una titulación igual o inferior a la Educación Secundaria Obligatoria y no se exigen conocimientos previos. Respecto a competencias personales se pide responsabilidad en el trabajo. Más del 50% de la fuerza de trabajo son mujeres, normalmente menores de 30 años. Este perfil tiene un componente altamente estacional, lo que hace que la estabilidad del puesto de trabajo sea baja. Además, son puestos de trabajo de baja retribución y muy sujetos al ciclo económico.

Tabla 29. Contratación y desempleo en 2013 en Ceuta
en los perfiles profesionales más demandados

Perfil profesional	Contratación		Desempleo	
	Total	%Variación	Total	%Variación
Fisioterapeutas	60	-50%	2	-33,3%
Ingenieros en telecomunicaciones	1	0%	3	50%
Diseñadores gráficos	1	0%	1.412	26,07%
Desarrolladores de videojuegos	0	0%	8	100%
Programadores informáticos	0	0%	11	0%
Técnicos de laboratorio en química industrial	0	0%	6	20%
Técnicos en control de calidad	3	200%	11	120%
Animadores de tiempo libre	224	52,38%	512	6,44%
Recepcionistas de hoteles	22	46,67%	66	0,00%
Teleoperadores y operadores de telemarketing	0	0%	18	50%
Empleados administrativos comerciales	4	-95,79%	56	30,23%
Empleados de logística y transporte de mercancías	36	-21,74%	12	50%
Empleados administrativos	495	-39,26	1.686	17,16%
Promotores de venta	37	5,71%	62	67,57%
Cajeros y reponedores de comercio	340	28,79%	2.377	24,97%
Mecánicos de mantenimiento	21	5%	18	63,64%
Mantenedor de edificios	20	100%	156	1,30%
Trabajadores del transporte de mercancías y descargadores	316	-8,41%	867	14,68%

Fuente: Elaboración propia a partir del Observatorio de Empleo (2013).

En el caso del perfil profesional de los trabajadores de transporte de mercancías y descargadores, la formación exigida para esta ocupación, además de los carnets profesionales y el carnet de conducir, se relacionan con el conocimiento de programas logísticos específicos informáticos. No se exige ninguna formación reglada adicional. Al contrario que los casos anteriores, es un perfil profesional donde predominan los hombres –alrededor del 90%–. La necesidad de viajar de un sitio a otro en muchas ofertas de trabajo dificulta que las mujeres puedan incorporarse a este tipo de ofertas de trabajo. Sin embargo, un hecho a tener en cuenta es que de acuerdo a las previsiones para 2020 indica que el sector del transporte será el sector que más aumente en trabajadores contratados llegando a casi 7 millones de empleados.

Finalmente, el perfil profesional de animador de tiempo libre es un perfil feminizado dado que un 75% de las personas que tienen esa profesión son mujeres. No se suele solicitar un determinado perfil formativo aunque se valora la Formación Profesional relacionada con el tiempo libre, actividades deportivas, educación infantil y servicios socioculturales. Se requiere fluidez en idiomas y capacidades personales como ser buen comunicador, dinamismo, tener iniciativa propia y don de gentes. Este perfil profesional también tiene un componente alto de estacionalidad.

Los perfiles profesionales que no han tenido ninguna demanda en Ceuta durante 2013 son desarrollo de videojuegos, programadores informáticos, técnico de laboratorio, teleoperadores y operadores de marketing.

Empleos masculinos y femeninos. Las mujeres tienen una tasa de contratación superior al 70% en tres ocupaciones: Promotores de venta (79,80%), Teleoperadores y operadores de telemarketing (72,94%), Fisioterapeutas (72,78%) y Empleados administrativos (72,76%), trabajos a los que se puede acceder sin mucha cualificación.

Como puede observarse en la Tabla 29, hay profesiones que aparecen con una bolsa importante de parados y que son perfiles poco demandados. Por ejemplo, aparecen 1412 desempleados como diseñadores gráficos y multimedia y solo una persona ha sido contratada en esta categoría en 2012. Esta actividad profesional se concentra en los lugares donde hay un mayor desarrollo del sector servicios y con un mayor peso del tejido empresarial relacionado con el diseño y las nuevas tecnologías. Este no el caso de Ceuta, por tanto, por alguna razón se ha generado una bolsa de profesionales que acreditan una profesión en un entorno donde no es fácil desarrollarla. Para este perfil se prefieren trabajadores con formación profesional reglada en Artes Gráficas y titulados universitarios en Publicidad, Diseño, Artes, Ingeniería e Informática, titulaciones estas que no forman parte de la oferta de estudios de Ceuta, aunque puedan haberse estudiado fuera de la ciudad. Hemos indagado en este hecho y con la indicación "estudiar diseño gráfico en Ceuta" aparece una oferta muy amplia de este tipo de cursos ofertados por parte del INEM en Ceuta. Este llamativo dato es lo que nos llevará posteriormente a proponer una reorientación de los cursos del INEM en Ceuta.

Sin datos tan llamativos como este, aparecen también bolsas importantes de parados que figuran como administrativos (1686) y, en cuanto a los trabajadores de menor formación figura un número importante de cajeros y reponedores de comercio (2.377) y trabajadores del transporte de mercancías y descargadores (867). Son, como hemos visto, tres perfiles profesionales que han tenido demanda durante 2013, pero parece evidente que el mercado de trabajo ceutí no es capaz de asumir tanta oferta porque en todos los casos la oferta supera en más de un 300% a la demanda real.

Los datos analizados apuntarían dos conclusiones. La primera, que el mercado laboral no puede absorber la oferta existente de algunos perfiles profesionales y la segunda, que no hay profesionales formados para acceder a algunos de los perfiles profesionales que están ofreciendo empleo. Esto nos lleva pensar que existe una cierta falta de correspondencia entre la formación que tienen los ceutíes y los requisitos asociados a los perfiles profesionales más demandados actualmente. Para contrastar esta idea analizamos la formación requerida en cada perfil profesional, datos que aparecen en la Tabla 30.

**Tabla 30. Formación requerida en cada uno de los perfiles
profesionales más demandados en 2013**

Perfil demandado	Formación requerida
Fisioterapeuta	Fisioterapia más Enfermería y Terapia Ocupacional
Ingenieros de Telecomunicaciones	Ingeniería de Telecomunicaciones. Técnica o Superior
Diseñadores Gráficos y Multimedia	Artes gráficas, Publicidad, Diseño, Ingeniería e Informática. Formación Profesional Superior o Media.
Desarrolladores de videojuegos	Ingenieria Infomática, IngenieríaTécnica de Gestion, Ingeniería de Sistemas, FP de Informática Grado Superior
Programadores Informáticos	Ingeniería Informática. FP de Informática Grado Superior
Técnicos de Laboratorio en Química Industrial	Química ó FP Química Grado Superior
Técnicos en Control de Calidad	CC.Biológicas, Arquitectura. Técnica, Ingeniero Técnico Industrial
Animadores de Tiempo Libre	Formacion Profesional Grado Medio
Empleados Administrativos Comerciales	Formación Profesional Grado Superior (Comercio, Administración).
Logística y Transporte de Mercancías	Administración, Finanzas, Comercio Exterior, Empresariales. Licenciados y FP Grado Superior
Empleados administrativos	Administración y Finanzas .FP Grado Superior y Medio
Recepcionistas de hoteles	Turismo y FP (Hostelería y Turismo)
Teleoperadores	Formación Profesional (Comercio, Marketing)
Promotores de venta	Formación Profesional (Comercio y Marketing)
Cajeros y reponedores de comercio	No se requiere formación reglada, aunque se valora la Formación Profesional
Mecánico de mantenimiento	Formación Profesional de Grado Superior y Medio
Mantenedores de edificio	Formación Profesional de Grado Superior y Medio
Transporte de mercancías y descargadores	Carnet de conducir profesional, SAP, compras, logística.

Fuente: Elaboración propia a partir del Observatorio de Empleo (2013).

De manera complementaria analizamos las principales competencias requeridas en cada perfil profesional que aparecen especificadas en las demandas de
empleo. Tales competencias aparecen resumidas en la Tabla 31.

**Tabla 31. Competencia generales y específicas asociadas a
los perfiles profesionales más demandados en 2013**

Profesiones	Competencias requeridas
Fisioterapeutas	Responsabilidad, orientación al cliente, trabajo en equipo, habilidades de comunicación, iniciativa, dinamismo, flexible, disponibilidad para el aprendizaje.
Telecomuni-caciones	Dirigir, organizar proyectos, orientación cliente, trabajo en equipo, trabajar bajo presión, comunicativo, iniciativa y dinamismo.
Diseñadores gráficos y multimedia	Gran creatividad, iniciativa, dinamismo, orientación al cliente, trabajo en equipo, habilidades comunicación, flexibilidad y adaptación a los cambios.
Desarrolladores de videojuegos	Trabajo en equipo, comunicación, iniciativa, dinamismo, capacidad de aprendizaje continuo, proactividad, innovación, responsabilidad. Creatividad, motivación, capacidad de análisis, y pasión por la programación y los videojuegos.
Programadores informáticos	Trabajo en equipo, responsable, organizado, dinámico, con iniciativa, y dispuesto a seguir aprendiendo.
Técnicos de Laboratorio en química industrial	Responsabilidad, planificación, organización, trabajo en equipo, orientación a resultados, responsable, capacidad de planificar y organizar su trabajo. Capacidad de comunicación, funcionalmente flexible, resultados e innovación.
Técnicos en control de calidad	Capacidad de análisis, potencial resolutivo y la capacidad para trabajar bajo presión. Comunicador, trabajo en equipo, capacidad de planificación y organización y orientado al logro de resultados.
Animadores de tiempo libre	Comunicativo, dinámico, extrovertido, con iniciativa, don de gentes, orientar al cliente, creatividad, capacidad de planificar y organizar.
Empleados administrativos comerciales	Habilidades comerciales, atención al cliente, proactivo, responsable, con iniciativa, comunicación, negociación, organizar y planificar el trabajo.

Profesiones	Competencias requeridas
Logística y transporte de mercancías	Capacidad de planificación y organización de trabajo, trabajo en equipo, comunicativo y orientación al logro de resultados.
Empleados administrativos	Resolutivo, dinámico, capacidad de organización y adaptación, responsable, don de gentes para la atención al cliente, trabajo en equipo, capacidad de adaptación.
Recepcionistas de hoteles	Dinamismo, espíritu comercial, buena presencia, responsable, orientación al cliente, trabajo en equipo, comunicativo, iniciativa, dinamismo, flexibilidad funcional.
Teleoperadores y operadores Telemark.	Orientación al cliente, capacidad de comunicación, orientación al logro de resultados, capacidad de negociación, iniciativa, dinamismo y trabajo en equipo, responsabilidad, perseverancia, planificación, organización, aprendizaje continuo, flexibilidad funcional, dicción clara, buena presencia.
Promotores de venta	Orientación al cliente, capacidad de comunicación, iniciativa, dinamismo, capacidad de trabajo, orientación al logro de objetivos, don de gentes, capacidad comercial y de negociación. Buena presencia, responsable, dinámica proactiva.
Cajeros y reponedores de comercio	Responsabilidad y orientación al cliente, flexibilidad funcional, trabajo en equipo, comunicación, planificación, organización, confianza en sí mismo, aprendizaje continuo, don de gentes, dinámico, activo, polivalente.
Mecánicos de mantenimiento	Toma de decisiones y rapidez en la actuación, trabajo en equipo, orientación a resultados, iniciativa, dinamismo, flexibilidad funcional y dispuesto a seguir aprendiendo.
Mantenedores de edificio	Toma de decisiones y rapidez en la actuación, polivalente o especialista, habilidoso, con iniciativa y dinamismo, responsable ordenado, minucioso.
Transporte de mercancías y descargadores	Responsabilidad, trabajo en equipo, iniciativa, dinamismo, capacidad de negociación, flexibilidad funcional, aprendizaje continuo, comunicación, confianza en sí mismo.

Como puede verse en la Tabla 31, se valora especialmente la actitud del candidato ante el trabajo, por lo que las habilidades personales y sociales están muy presentes en las ofertas. Estas actitudes ejercidas en el trabajo, sea con compañeros, clientes, proveedores, etc. son determinantes en las relaciones laborales actuales, tanto para acceder al empleo como para mantenerlo. Se han convertido en un requisito transversal.

Destacan, por su presencia constante en las ofertas, las referencias tales a competencias generales, como orientación a resultados y objetivos, proactividad, orientación al cliente, esfuerzo, compromiso, flexibilidad, organización, capacidad de trabajo en equipo, formación permanente, etc; actitudes que ayudan a buscar trabajo, a encontrarlo y mantenerlo y a crearlo directamente, y destacamos este hecho por los análisis y propuestas que aparecerán en los apartados siguientes en relación con el emprendimiento.

Las necesidades formativas detectadas en el estudio llevado a cabo por el observatorio de las ocupaciones, una vez analizadas las ofertas recopiladas, estudiado el mercado de trabajo y realizado el estudio de Perfiles de la Oferta de Empleo quedan resumidas en el Cuadro 1. Se informan sobre una serie de necesidades de formación transversales que se consideran imprescindibles para priorizar y desarrollar una oferta formativa de calidad que permita la adecuación de las cualificaciones profesionales de los trabajadores a las demandas reales del mercado laboral.

Como puede verse en el Cuadro 1, las necesidades quedan encuadradas en seis áreas: Idiomas, Nuevas Tecnologías, Energía, Liderazgo emprendedor, Habilidades sociales y Formación para el empleo y el autoempleo. De las áreas identificadas por presentar necesidades de formación nos interesa destacar, por su relación con el contenido del estudio que hemos desarrollado para el IEC y con los datos que hemos encontrado a lo largo del mismo, aquellas que hacen especial referencia a la necesidad de formar para el desarrollo de actividades profesionales que tienen que ver con el emprendimiento y el autoempleo. Este dato coincide con la propuesta que realizamos en apartados posteriores.

**Cuadro 1. Necesidades de formación identificadas
por el Observatorio de Empleo (2013)**

1. Idiomas:
    − Idiomas adaptados a necesidades del mercado de trabajo.
    − Preparación lingüística y cultural.
2. Nuevas tecnologías de la información y de la comunicación (TIC):
    − Alfabetización informática.
    − Cursos especializados (SAP, diseño web,apps, etc.).
    − Gestión de redes sociales.
3. Energía. Gestión y uso:
    − Gestión, eficiencia y ahorro energético.
4. Estímulo del liderazgo emprendedor:
    − Diseño empresarial y estratégico.
    − Planificación y organización del trabajo.
    − Marketing comercial.
    − Procesos de calidad.
5. Desarrollo de competencias y habilidades sociales y personales:
    − Atención al cliente, mejora de la red de contactos.
    − Relaciones interpersonales: empatía, flexibilidad, adaptabilidad, capacidad de comunicación, de negociación…
    − Planificación y organización del trabajo.
    − Marketing personal.
    − Tolerancia a la tensión, al estrés.
6. Orientación para el empleo y el autoempleo:
    − Emprendimiento, autoempleo.
    − Orientación laboral / búsqueda activa de empleo.
    − Preparación de una entrevista de trabajo, currículum, etc.
    − Conocimiento y adaptación al mercado de trabajo: Funcionamiento y tendencias.

Fuente: Observatorio de Empleo (2013).

En síntesis, el informe del Observatorio de Empleo 2013 pone de relieve que el mercado de trabajo se ha recrudecido y es cada vez más exigente tanto en la titulación que exige como en los extras que se exige de posgrado, idiomas, informática y capacidades personales. Además a esto se añade nuevas exigencias como movilidad geográfica. Como idea que resume el nuevo horizonte del mercado de trabajo apuntamos el siguiente:

> *Parece que el lema es "más y mejor". El ámbito laboral se ha vuelto muy exigente: además de tener titulaciones, máster, etc. hay que saber vender, estar orientado a obtener resultados, ser proactivo, tener flexi-*

bilidad y habilidades sociales, ser capaz de crear o generar empleo; no basta con aportar el trabajo, se reclama mayor valor añadido a la relación laboral (p. 101).

Para finalizar este apartado, se ha realizado un muestreo aleatorio del tipo de puestos de trabajo que se han ofertado por las empresas en lo que llevamos del año 2014 en Ceuta, en dos de las principales de búsqueda de trabajo online, www.inforjobs.com y www.infoempleo.com. Se ha recogido información de 111 ofertas de trabajo cuya tipología se desglosa en la Tabla 32.

Tabla 32. Puestos de trabajo ofertados hasta marzo de 2014 en Ceuta

Puesto de trabajo	Número de ofertas de trabajo
Comercial y ventas	55
Tecnologías de la información	9
Educación y formación	8
Atención a clientes	7
Administración de empresas	5
Calidad, I+D. Prevención y riesgos laborales y medioambiente	4
Hostelería y turismo	3
Profesionales artes y oficios	3
Telecomunicaciones	2
Construcción e Inmobiliario	2
Banca y Seguros	1
Sanidad, salud y servicios sociales	1
Ingeniería y producción	1

Fuente: Elaboración propia a partir de portales de empleo

Como se puede observar en la Tabla 32, el 55% de las ofertas de trabajo están relacionadas con el área comercial y ventas. En esta categoría se aglutinan diversos puestos de trabajo como dependientes, encargados de tienda, comerciales de empresa y otros puestos relacionados. En cuanto al perfil formativo es diverso, va desde diplomado universitario a personas con estudios básicos.

Muy por detrás, con un 9% de las ofertas están relacionadas con las tecnologías de la información. Estos puestos suelen requerir un perfil formativo de al menos Ciclo Formación Superior. Llama la atención la oferta de este tipo de trabajo, ya que con anterioridad no se había manifestado esa necesidad en ese territorio a la vista de los informes sobre el Observatorio del Empleo.

En tercer lugar, sigue habiendo una demanda de profesionales de formación en línea con lo analizado con anterioridad. Este es un perfil de oferta relevante en el caso de Ceuta.

Finalmente, se puede decir que los perfiles de trabajo más demandado son aquellos en los que la mujer tiene una mayor presencia, pero a la vez son perfiles de trabajo altamente estacionales y con una cualificación media o baja por lo que se puede profundizar la brecha de género ya existente en el mercado de trabajo.

5

ESTUDIOS UNIVERSITARIOS Y CICLOS FORMATIVOS QUE SE IMPARTEN EN CEUTA: ANÁLISIS DESDE EL MERCADO DE TRABAJO

Las características del mercado de trabajo y del perfil de la demanda de empleos ofertados que denotan cierta imposibilidad de que las mujeres ceutíes accedan a los puestos de trabajo más demandados nos ha llevado a hacer un análisis de los estudios que las mujeres pueden realizar en Ceuta y las posibilidades de acceder a distintos trabajos.

De acuerdo con el Ministerio de Trabajo y Seguridad Social (http://www.mec.es/dp/ceuta/Alumnado/UniversidadCeuta/universidadCeuta.htm) la oferta universitaria que existe en la Ciudad Autónoma de Ceuta se centraliza en los siguientes centros educativos dependiente de la Universidad de Granada:

Facultad de Educación y Humanidades.

Facultad de Ciencias de la Salud.

Centro Asociado de la Universidad Nacional de Educación a Distancia.

Los estudios que se pueden cursar en la Facultad de Educación y Humanidades son (ver http://feh-ceuta.ugr.es/pages/banners/estudia_en_ceuta):

Grado en Educación Infantil.

Grado en Educación Primaria.

Grado en Administración y Dirección de Empresas.

Grado en Ingeniería Informática.

Grado en Educación Social.

En la Facultad de Ciencias de la Salud de Ceuta se pueden cursar los estudios de Grado de Enfermería (ver http://enfermeriaceuta.ugr.es/pages/titulaciones/titulaciones).

Las titulaciones de Grado que se imparten en este Centro Asociado de la UNED en Ceuta para el curso 2014–2015 en la página web http://www.mec.es/dp/ceuta/Alumnado/UniversidadCeuta/universidadCeuta.htm son las siguientes:

Grado en Economía.

Grado en Administración y Dirección de Empresas.

Grado en Geografía e Historia.

Grado en Ciencias Ambientales.

Grado en Turismo.

Grado en Ingeniería Informática.

Grado en Trabajo Social.

Grado en Pedagogía.

Grado en Ciencia Política y de la Administración.

Grado en Ingeniería Eléctrica.

Grado en Ing. en Electrónica Industrial y Automática.

Grado en Filosofía.

Grado en Derecho.

Grado en Lengua y Literatura Española.

Grado en Estudios Ingleses: Lengua, Literatura y Cultura.

Grado en Historia del Arte.

Grado en Matemáticas.

Grado en Química.

Grado en Educación Social.

Grado en Sociología.

Grado en Ingeniería en Tecnologías Industriales.

Grado en Ingeniería en Tecnologías de la Información.

Grado en Ingeniería Mecánica.

Grado en Psicología.

Grado en Física.

Grado en Antropología Social y Cultural.

Grado en CC. Jurídicas de las Administraciones Públicas.

Adicionalmente se puede cursar el Máster Universitario en Formación del Profesorado de Educación Secundaria Obligatoria y Bachillerato, Formación Profesional y Enseñanzas de idiomas.

En la Figura 1 se muestran los ciclos formativos que se han impartido en Ceuta durante el curso 2013/2014.

OFERTA DE CICLOS FORMATIVOS DE FORMACIÓN PROFESIONAL EN CEUTA CURSO 2013 / 2014

CENTROS DE ENSEÑANZA	FAMILIA PROFESIONAL	CICLOS FORMATIVOS DE GRADO MEDIO	CICLOS FORMATIVOS DE GRADO SUPERIOR
I.E.S. ABYLA	Servicios Socioculturales y a la Comunidad		Educación Infantil (M y T)(*)
			Animación Sociocultural (T)
			Interpretación de la Lengua de Signos (T)
			Integración Social (T)
	Electricidad y Electrónica	Instalaciones de Telecomunicaciones (M)	
I.E.S. ALMINA	Hostelería y Turismo	Cocina y Gastronomía (M)(*)	Dirección de Cocina (M)
			Guía, Información y Asistencia Turísticas (M)
	Sanidad	Cuidados Auxiliares de Enfermería (M)	Laboratorio de Diagnóstico Clínico (M)
		Emergencias Sanitarias (M)(*)	
	Transporte y Mantenimiento de Vehículos	Electromecánica de Vehículos Automóviles (M)(*)	Automoción (M)
	Servicios Socioculturales y a la Comunidad	Atención Sociosanitaria (M)	
I.E.S. CLARA CAMPOAMOR	Instalación y Mantenimiento		Prevención de Riesgos Profesionales (T)
	Actividades Físicas y Deportivas	Conducción de actividades físico deportivas en el medio natural (T)	Animación de Actividades Físicas y Deportivas (T)
I.E.S. LUIS DE CAMOENS	Imagen Personal	Peluquería (M)	
		Estética Personal Decorativa (M)	Estética (T)
	Edificación y Obra Civil		Proyectos de Edificación (T)
I.E.S. PUERTAS DEL CAMPO	Administración y Gestión	Gestión Administrativa (M y T)	Administración y Finanzas (M y T)
			Secretariado (M)
	Comercio y Marketing	Comercio (M)	Gestión Comercial y Marketing (M)
	Informática y Comunicaciones	Sistemas Microinformáticos y Redes (M)	Administración de Sistemas Informáticos en Red (T)
I.E.S. SIETE COLINAS	Instalación y Mantenimiento	Instalaciones frigoríficas y de climatización (T)	Mantenimiento de Instalaciones Térmicas y de Fluidos (T)

Fuente: https://www.mecd.gob.es/educacion-mecd/dms/mecd/educacion-mecd/areas-educacion/comunidades-autonomas/ceuta/curso-escolar/escolarizacion/2013-14/oferta-ciclo-formativo-2013-14.pdf

La comparación de los datos sobre los estudios necesarios para acceder a los trabajos más demandados y los estudios que con mayor probabilidad se pueden realizar en Ceuta, presenta evidencias de la falta de alineación o correspondencia entre ambos.

Es un tema que excede del ámbito de este estudio pero quizá es algo que, a medio plazo habría que revisar el planteamiento de los estudios, pues en algunos casos los estudios que se están realizando en Ceuta han generado bolsas de parados difíciles de recuperar.

6

"EL DISCURSO DE LA CALLE EN CEUTA"
Trabajo de campo para contrastar los datos oficiales sobre la situación laboral en Ceuta con las percepciones que las mujeres ceutíes tienen de la situación sociolaboral

Entre los días 27 y 29 de noviembre de 2014 realizamos un trabajo de campo en Ceuta que tenía como objetivo fundamental conocer de primera mano y hablando fundamentalmente con mujeres, la percepción existente sobre la situación sociolaboral de las mujeres en Ceuta, concretamente sobre las tasas de paro entre mujeres, la posibilidad de encontrar trabajo, mantenerlo y promocionarse. El segundo objetivo era constrastar esta percepción con los datos oficiales descritos en apartados anteriores. En los casos en los que hablamos con hombres, estos tenían alguna responsabilidad en centros o servicios que disponían de información sobre la situación social y laboral de la mujeres en Ceuta (Centro asesor de la mujer, INEM, …) o se encontraban en lugares públicos por ejemplo, el Ayuntamiento, adonde fuimos a buscar información y por ello también aprovechamos la oportunidad de recoger su opinión sobre las dinámicas sociales y laborales en Ceuta. Sea cual fuere el caso, al final, a todas las personas con las que hablamos les preguntamos en algún momento por la situación sociolaboral de las mujeres en Ceuta.

Método

Participantes

Mediante un procedimiento de selección muestral de tipo incidental, hicimos entrevistas breves a 50 personas, siendo mujeres el 95% de las personas entrevistadas. Tres tipos de mujeres componen la muestra: españolas nacidas en la península o en Ceuta, españolas de origen musulmán, y musulmanas, principalmente de origen marroquí. La edad de las mujeres entrevistadas está entre los 20 y 77 años. Hablamos con 27 mujeres españolas de origen, por lo que en adelante nos referiremos a ellas como mujeres españolas, y 18 mujeres musulmanas, de las cuales no podemos concretar en todos los casos su nacionalidad por lo que cuando hablemos de ellas lo haremos como mujeres musulmanas. Y hablamos con 5 hombres. Las mujeres españolas con las que contactamos desempeñaban diversas profesiones (soldado, policía, profesoras, empresarias, empleadas de la administración pública, dependientas, limpiadoras, amas de casa sin ningún otro empleo y algunas mujeres en paro). Respecto a las mujeres musulmanas, 15 de ellas se dedicaban al servicio doméstico como actividad laboral. Entrevistamos a 6 jóvenes universitarias, 3 de ellas eran españolas de origen, 2 estaban en paro y otra estaba completando sus estudios. Las otras 3 universitarias eran 2 jóvenes con nacionalidad española y de origen musulmán que completaban sus estudios y 1 musulmana en paro. De los 5 hombres a los que entrevistamos, 3 trabajan en instituciones públicas, 1 era estudiante universitario en paro y otro es un legionario.

Procedimiento de realización del estudio

El procedimiento de recogida de información consistió en realizar breves entrevistas semiestructuradas, la mayor parte de ellas en la calle y algunas a mujeres (y a algunos de los hombres) que trabajaban en instituciones públicas o comercios. Las entrevistas fueron realizadas personalmente por las responsables de este informe a mujeres que respondieron positivamente a la petición de darnos su opinión sobre la situación sociolaboral de las mujeres en Ceuta (El guión de la entrevista se incluye en el anexo 1). Cuando localizábamos a una mujer susceptible de ser entrevistada (iba andando tranquilamente por la calle, no mostraba prisa, estaba sentada en un banco, o en su puesto de trabajo pero no ocupada en ese momento….), nos presentábamos e informábamos que estábamos haciendo un estudio para conocer la situación laboral de las mujeres en Ceuta y le pedíamos su colaboración. Explicábamos que la razón para realizar este estudio era que, según las estadísticas del INEM, las mujeres de Ceuta sufrían una de las tasas de paro más altas de España, el doble de la media nacional, y les pedíamos su opinión al respecto, y sobre las razones de esta alta tasa de desempleo, así como las posibles iniciativas que se podrían llevar a cabo para potenciar la incorporación de las mujeres al ámbito laboral.

En todos los casos de las mujeres que accedieron a participar obtuvimos información sobre la ocupación actual, lugar de residencia (Ceuta o Marruecos), la profesión (en algunos casos eran evidente pues eran policías, soldados…), tipo de estudios que cursaban cuando decían que eran estudiantes, la edad, su estado civil y su opinión sobre situación laboral de las mujeres en Ceuta (tasa de paro, posibilidad de encontrar trabajo, tipos de trabajo, condiciones del trabajo…..). En los casos en que las mujeres estaban dispuestas y les apetecía hablar más, profundizamos en cada uno de estos temas, y en la situación social y laboral en la que se encontraba Ceuta, en los factores fundamentales que definen actualmente la realidad social y laboral de Ceuta, las diferencias entre los distintos grupos de población, las perspectivas de futuro y todos aquellos temas que iban surgiendo. Es por esto que la extensión de las entrevistas fue de una duración variable.

A partir de la información aportada por estas personas, hemos reconstruido un discurso sobre la realidad social y laboral de Ceuta, en el que destacan algunos elementos explicativos, que no dejaremos de señalar. Como hemos indicado, uno de los objetivos de este trabajo es contrastar y comparar este "discurso de la calle" con los datos que sobre las situación laboral habíamos recopilado de las fuentes de datos oficiales (INEM, CIS, SEPE…). Aunque no se trate de una muestra que pueda considerarse representativa, especialmente por el número, de la población de mujeres de Ceuta, sí intentamos que formaran parte de esta muestra mujeres que pertenecían a los grupos y colectivos más representativos y visibles de quienes que viven en la ciudad (mujeres españolas y mujeres musulmanas independientemente de su nacionalidad). En suma, el discurso se ha construido a partir de las palabras de mujeres que en ese momento ejercen una profesión concreta, o tienen un negocio propio, son empleadas en alguna institución u organismo público, son estudiantes, están paradas, son emprendedoras, trabajan en el servicio doméstico.

Los términos clave del discurso y algunas conclusiones

Cristianos y musulmanes, dos grupos que coexisten pero no conviven

Es Ceuta una ciudad con mucho trasiego de personas y mucho movimiento. Cada día cruzan la frontera unas 20.000 personas que llegan desde las ciudades más cercanas de Marruecos para trabajar o en opinión de algunas de las personas entrevistadas para "trapichear". Según nos la describen, la población estable de Ceuta son 50.000 cristianos y 30.000 musulmanes. La categorización y agrupación de los habitantes de la ciudad en función de la religión, cristiana o musulmana, como criterio espontáneo de clasificación es significativo para entender la realidad cotidiana de la ciudad y el discurso de la calle. Este criterio de clasificación, obvia que una parte importante de los musulmanes son también españoles. Todo queda más claro cuando añadimos lo que algunas de las personas entrevistadas señalaron espontáneamente para definir la relación entre los dos grupos de población mayoritarios, españoles de origen peninsular y españoles de origen marroquí: **se coexiste pero no se convive.**

Mutuamente recelosos

Se palpa un cierto recelo mutuo, que en algunos casos suena a resentimiento, en el ambiente y una postura defensiva por parte de los miembros de estas dos comunidades mayoritarias. Para los ceutíes de origen español, los otros son muchos, cada día son más y no dejan de crecer y de consumir los recursos sociales, sanitarios y laborales. Se tiene la impresión, y así lo expresaban algunos ceutíes de origen español que se sienten un poco asfixiados por la presión demográfica de los ceutíes de origen musulmán, "que no paran de crecer". Un dato interesante en este contexto es la tasa de natalidad en Ceuta, que es claramente superior a la de la península y que depende en gran medida del mayor número de hijos que tienen las mujeres ceutíes de origen musulmán, que tienen más hijos que las mujeres ceutíes de origen español. La percepción que tienen algunos es que también los ceutíes de origen español que viven en Ceuta tienen más hijos que los viven en la península, casi como mecanismo de defensa, dicen, ante esta presión demográfica de los ceutíes de origen musulmán. Quienes dicen esto sienten la presión demográfica de los musulmanes en los colegios, en los centros sanitarios, que copa las escasas ofertas de empleo con salario social disponibles. Algunos ceutíes-españoles, dicen que se querrían ir, que sacarían a sus hijos de Ceuta, pero también reconocen que va a ser difícil hacerlo porque vivir fuera de Ceuta es difícil, y más en estos momentos. Vivir en Ceuta tiene algunas ventajas salariales y fiscales para los ciudadanos españoles que viven en la ciudad autónoma. Los ceutíes de origen musulmán y los marroquíes que viven en Ceuta también están recelosos, al menos esa impresión tuvimos cuando recorrimos las calles y comercios de Ceuta, como por ejemplo, el mercado de abastos de Ceuta. Vas moviéndote entre los puestos regentados aquí y allá por españoles y marroquíes y en el caso de estos últimos las preguntas no son bienvenidas en términos generales, algunos indican, quizá como excusa, que no hablan español.

Para trabajar, contactos y el plan de empleo

Los contactos sociales son destacados como un elemento fundamental para encontrar trabajo en Ceuta; varias de las mujeres a las que entrevistamos hablaron de *enchufismo* a la hora de encontrar trabajo, algunas de las mujeres que utilizaron este término estaban a la espera de acceder al plan de empleo, que como pudimos comprobar, provoca un controvertido debate en la ciudad respecto a los criterios y condiciones que permiten acceder al mismo. La palabra *enchufismo* se la escuchamos tanto a españolas como a musulmanas, y aplicable a distintos tipos de empleo a los que se quiera acceder, desde trabajar en un empleo público hasta realizar labores domésticas. Una de las mujeres con las que hablamos denunciaba este hecho pero no quiso comprometerse a hablar de ello por temor a que se pudiera filtrar su opinión.

Por lo demás, las expresiones y valoraciones que las propias mujeres utilizan cuando describen la situación laboral de las mujeres en Ceuta encierran cierta desesperanza y negatividad: "no hay trabajo de nada", "a las mujeres les va peor que a los hombres", "me ha costado mucho encontrar trabajo", "no se puede encontrar trabajo", "hay malas expectativas de trabajo", "todo es por enchufe", "se encuentra trabajo por contacto", "hay mucha economía sumergida", "hay mucha injusticia social pues unos tienen varios trabajo y otros no tienen ninguno"…

"Esperando al Plan de Empleo", este podría ser el titular que describe la situación en la que se encuentran muchas mujeres en Ceuta. La mayor expectativa de trabajo que hay en Ceuta cada año es el Plan de Empleo. Se ofrecen unos 1300-1500 puestos de trabajo cada año. Se trata de empleos temporales y de escasa proyección profesional, que en otra situación económica más favorable quizá muchos no querrían, pero que en una situación crítica como la actual se han convertido en un bien preciado que se les da a quienes son capaces de acreditar mayor necesidad.

Por una parte, es una meta codiciada porque en la situación actual es una de las pocas posibilidades que muchos ciudadanos y ciudadanas poseen para de conseguir un trabajo aunque sea temporal y algún ingreso. Pero también cabe decir que acceder al plan de empleo pone de relieve la precariedad de la situación y la vulnerabilidad en la que se encuentra la persona que consigue el trabajo, pues son empleos de baja cualificación, a los que acceden personas con escasa formación y sin expectativas de consolidación o desarrollo profesional alguno. Existe la creencia generalizada, al menos entre las personas con las que hablamos, que el Plan de Empleo ha atraído a muchos musulmanes a la ciudad –*efecto llamada*– personas sin estudios, que apenas saben leer ni escribir y en muchos casos no hablan castellano. Para acceder al plan de empleo, no hay que tener nacionalidad española, solo tener permiso de residencia y estar apuntado al paro. La obtención de los contratos parece estar bastante condicionado por el nivel de renta, por las condiciones económicas, las cargas familiares, etc. y estos baremos "favorecen", a ciudadanos ceutíes de origen musulmán, a veces a inmigrantes empadronados en Ceuta con este fin. Y aquí está el origen de una de las quejas más repetidas que escuchamos en Ceuta.

Acompañando estas quejas, también escuchamos la referida a que las mujeres que vienen de Marruecos hacen otros trabajos que podrían hacer las españolas (cuidar ancianos, niños,…) pero por un sueldo mucho menor. Algunas mujeres españolas ven a las mujeres musulmanas que cruzan la frontera para trabajar en Ceuta como competidoras desleales e incluso como usurpadoras de puestos de trabajo que ellas podrían desempeñar con un sueldo más digno.

De lo dicho hasta ahora, la clasificación social en dos grupos claramente diferenciados y la precariedad de la situación económica y laboral por sí mismas justificarían las valoraciones y estereotipos que pueblan el discurso de las mujeres y demás ciudadanos ceutíes.

Españolas y musulmanas, distinta clase social y distinta ocupación laboral

Los círculos y grupos sociales en los que las mujeres (y los ciudadanos, en general) pueden moverse en Ceuta están claramente delimitados. Hay mujeres que pertenecen a una clase social, que ha sido y continúa siendo muy dominante en la ciudad, y que ha ocupado y sigue ocupando lugares prominentes en el gobierno de la ciudad, algunas de ellas mujeres de políticos, gestores, militares de rango o funcionarios. Algunas mujeres reconocen la existencia de un cierto clasismo que "ya no es tan acentuado como antes pero aún se nota".

Una parte de las mujeres ceutíes de origen español son mujeres profesionales que tienen negocios, tiendas, y mujeres españolas de mediana edad que trabajan en tiendas de ropa, joyerías, supermercados, organismos públicos, etc. En algunos ámbitos el empleo parece favorecer a las mujeres españolas, por ejemplo, las empresas que subcontrata el Imserso solo contratan a mujeres españolas, según nos dijo una mujer española que hacía este tipo de trabajo. Encontramos en este grupo de profesionales a mujeres policías, son unas 300 en la ciudad, 13 de ellas de origen musulmán, nos cuentan que casi ninguna mujer policía tiene cargos de responsabilidad, aunque piensan que están preparadas para promocionarse pero en este momento, al igual que en el resto del país, no existen posibilidades.

Entre las mujeres ceutíes españolas menores de 30 años con las que hablamos también encontramos un cierto desánimo. Algunas de ellas son licenciadas que no ven una salida laboral a la medida de sus expectativas. En estas mujeres se advierte cierta frustración porque han invertido años y recursos en una formación convencidas de que les iba a dar una salida profesional que ahora se les niega (según el Centro de Investigaciones Sociológicas –CIS–, el 36% de los españoles creen que los años de formación y la formación adquirida es el factor que determina los ingresos que uno tiene). La frustración asociada a la falta de perspectivas laborales quizá tenga que ver con que, según una reciente encuesta del CIS, el 57% de los jóvenes españoles consideran muy importante en su vida tener éxito en el trabajo, tener una buena formación (67%) y ganar dinero (55%). Por otra parte, y en línea con los datos que presentamos en el trabajo, todas las mujeres jóvenes universitarias con las que hablamos, tanto de origen español como musulmán, nos informaron de sus estudios. Muchas habían estudiado en Ceuta, magisterio, pedagogía, trabajo social, titulaciones universitarias que como hemos visto en el apartado anterior no se corresponden a los puestos de trabajo más demandados.

Las mujeres de la clase social acomodada de Ceuta y muchas mujeres que desempeñan una profesión o son empresarias disponen en un alto porcentaje de los casos, al menos con las que hablamos, de la ayuda de mujeres musulmanas para llevar a cabo las labores de la casa. El servicio doméstico está extendido en Ceuta, en las casas del centro de la ciudad. A partir de las 4 de la tarde, la calle principal de Ceuta, el Paseo del Revellín, se puebla de mujeres que llevan cubierta la cabeza; es la hora en la que salen de trabajar en las casas del centro de la ciudad donde realizan labores domésticas. Poco a poco esas mujeres se van dispersando y algunas de ellas se concentran en las paradas del autobús en largas colas de mujeres marroquíes que toman el autobús que les lleva al otro lado de la verja de Ceuta y que al día siguiente las traerá de vuelta a la ciudad. Hablamos o intentamos hablar con algunas de estas mujeres, no siendo fácil entenderse en todos los casos porque muchas de ellas apenas hablan castellano (y nosotras no hablamos su lengua). Cuando aceptaban la invitación para hablar de su trabajo, el resumen que de éste hacían era bastante contundente, siete horas de trabajo por un sueldo que, según dicen ellas, está entre doscientos y trescientos euros al mes, más el coste del viaje en el autobús que las trae y las lleva de un lado a otro de la frontera, si este es el caso. Como pudimos comprobar, otra parte de las mujeres musulmanas que trabajan en el servicio doméstico no se va de la ciudad en toda la semana y después de la pausa vuelven a las casas en las que viven y trabajan como internas de lunes a viernes. Hablamos con algunas de estas mujeres que llevaban hasta veinte años trabajando en la misma casa, según dicen por un sueldo de unos trescientos euros. También encontramos entre las mujeres marroquíes que paramos por la calle y que trabajan en el servicio doméstico en Ceuta, a mujeres muy jóvenes que están preparándose para el relevo generacional en el servicio doméstico, entre las que tampoco encontramos muchas mujeres musulmanas jóvenes que hablasen castellano, lo cual podría considerarse un indicador de baja integración social.

El lugar de las mujeres musulmanas. Algo está cambiando, pero no mucho

Para confeccionar la muestra realizamos una aproximación a las mujeres guiándonos por su apariencia externa, que nos llevaba a categorizarlas como españolas o musulmanas para conseguir una muestra equilibrada y en la medida de lo posible representativa de la distribución real de las mujeres en el conjunto de la población ceutí. La estrategia de selección de la muestra nos permitió una categorización bastante precisa y una primera conclusión, pues hemos de decir que en dos casos nos equivocamos porque dos mujeres jóvenes con una apariencia moderna, europea, seleccionadas para el grupo de mujeres ceutíes de origen español eran en realidad españolas de origen musulmán. Las conclusiones a las que nos permitió llegar la información recogida en este estudio de campo nos hizo ver que "esta equivocación" refleja bien lo que está ocurriendo, esto es, que una pequeña proporción de mujeres jóvenes musulmanas, están cambiando sus costumbres y alejándose de la tradición, se están convirtiendo en universitarias que al igual que el resto de las mujeres españolas tienen expectativas profesionales y buscan una carrera profesional, abandonando patrones culturales que le reservaban a la mujer musulmana un papel exclusivo de cuidado de los hijos, de la casa y del marido. También, hay que decir, y es una nota importante del discurso que aprendimos en las calles de Ceuta, que la liberación del rol tradicional ocurre en una pequeña minoría de mujeres ceutíes de origen musulmán, como ellas mismas corroboran, porque en comparación con las españolas las mujeres musulmanas tienen menor nivel educativo y cuando trabajan desarrollan empleos de baja cualificación.

El comercio, que es una actividad principal en la vida de la ciudad, parece estar dominado fundamentalmente por hombres y no incluye a las mujeres de origen musulmán, lo que se explica por factores de tipo cultural que, aunque matizados, aún siguen favoreciendo una cierta invisibilidad de las mujeres musulmanas, de las que algunas de las jóvenes de tercera generación se intentan librar con la ayuda de la propia familia. Algunas de estas jóvenes mujeres musulmanas con las que hablamos, valoran el hecho de realizar estudios universitarios como un triunfo social y personal importante porque ha supuesto sortear y derribar las barreras culturales que encerraban a las mujeres en la casa, y en este sentido, hay una parte de la sociedad española-ceutí de origen musulman que está favoreciendo a través de la educación la integración social de sus hijos en el grupo dominante mayoritario, en el grupo de mayor ascendencia social.

Es el caso de una joven española de origen musulmán de tercera generación (y lo describimos por considerarlo caso un ejemplo representativo de una minoría de mujeres musulmanas), estudiante de Trabajo Social, que muestra un aspecto perfecto de joven europea, que se define a sí misma como "española en tierra de nadie", que siente rechazo en Ceuta y rechazo en Marruecos. Se define también como un caso único en su familia, la única entre sus hermanos que ha llegado a la universidad aunque no tiene el apoyo de toda su familia. Su valoración es que aún siendo universitaria lo tendrá más difícil que otras españolas para encontrar trabajo y como ejemplo pone el caso de una prima y una amiga que aún sin llevar pañuelo fueron descartadas por su apellido. Su valoración final, es que a la mujer musulmana la cultura la penaliza, la situación la penaliza, su nivel de educación es menor, su nivel de ingresos es menor y como consecuencia final, las mujeres musulmanas tienen un menor nivel sociolaboral.

Visiones cruzadas

La valoración de las mujeres musulmanas por parte de algunas mujeres españolas es:

a) Que están condicionadas por la cultura, aunque el tema está cambiando poco a poco; en muchos casos cuando quieren reaccionar e incorporarse al mundo laboral es tarde porque no tiene estudios

b) Que tienen bajo nivel educativo y les gusta estar en casa y vivir de las subvenciones. Creen muchas de las mujeres con las que hablamos (ya sean empresarias, amas de casa o paradas…) que esta posición de las mujeres musulmanas es el hecho que explica e infla las tasas de paro de las mujeres en Ceuta; en general creen que las cifran de paro no reflejan exactamente lo que ocurre en realidad. Muchas mujeres, se refieren principalmente a las musulmanas, están apuntadas en el paro pero en realidad no quieren buscar trabajo sino subvenciones y ayudas sociales, o forman parte de la economía sumergida. Lo que no dicen directamente es que muchas de estas mujeres musulmanas trabajan en sus casas, son sus "muchachas".

Entre las mujeres de origen musulmán percibimos también el mencionado recelo-resentimiento tras un discurso que incluye una velada denuncia de explotación laboral, que se corresponde con muchas horas de trabajo por un sueldo que alcanza unos pocos cientos de euros y sin seguridad social. A esto se añade la percepción de que no se sienten acogidas en igualdad de condiciones por la sociedad ceutí a la que pertenecen.

Otras realidades más positivas

Estar parado en Ceuta no significa por supuesto que los jóvenes no intenten todas las actividades de búsqueda activa de empleo que están a su alcance, de hecho muchos de los jóvenes en paro han acudido a los cursos de formación del INEM, sobre los que sospechamos, que descartado el que pueda haber habido algún incentivo económico, no les ha servido para mucho pues les han capacitado o les han "sobrecapacitado" para profesiones que no se están desarrollando en estos momentos. Lo cual es un factor que también contribuye al sentimiento de frustración expresado.

Muchas mujeres ceutíes están aprisionadas en la sensación de que, al menos de momento, no ven salidas a la situación sociolaboral que se vive en Ceuta y especialmente las mujeres que no quieren renunciar a las oportunidades profesionales que les corresponden. Las mujeres que más comparten esta percepción quizá están trabajando con unos esquemas mentales y unos modelos de trabajo que ya no existen, porque en los próximos años no va a haber plazas de funcionarios, ni en la policía (así nos lo confirmaban dos mujeres policías con las que hablamos), ni en el ejército (de esto era consciente la soldado con la que conversamos) ni en otros sectores de la administración pública (algunas mujeres con familiares en la administración pública se han venido preparando para realizar unas oposiciones que no van a convocarse, al menos en los próximos años). Pero, afortunadamente, esta visión pesimista de la situación laboral no es compartida por un sector de la población femenina que ha empezado a moverse, emprendiendo actividades por cuenta propia. Y hablamos con mujeres que están desarrollando o preparándose para desarrollar este tipo de experiencia profesional, aspecto que merece toda la atención en el próximo apartado.

Algunas conclusiones

Estratificación social y laboral claramente definida, donde encontramos a las mujeres españolas que no trabajan porque tienen una posición económica holgada, que tienen negocios, que trabajan como contratadas en los negocios de otros o que trabajan en la administración pública ya sea como soldados, policías o maestras. Las mujeres de origen musulmán con las que hablamos se dedicaban casi en su totalidad al servicio doméstico por sueldos bajos, pero que constituyen un sustento y una fuente de ingresos familiares importante para quienes viven al otro lado de la frontera. Un elemento importante que cabe señalar y que puede contribuir a esta diferenciación social es el dominio de la lengua. La mayor parte de las mujeres musulmanas con las que hablamos apenas hablan castellano y tienen escasa formación. En la medida en que esto no se corrija no hay posibilidad de conseguir una integración y equiparación social real.

En síntesis, captamos a través de este pequeño trabajo de campo un discurso cargado de estereotipos, quizá acentuado como suele ocurrir cuando se contrastan las opiniones y creencias de grupos diferentes que tienen que compartir recursos escasos. Y este discurso de resentimiento y rechazo mutuo, se escucha, aunque sea tenuemente en el centro de la ciudad, donde los gritos y los conflictos que pueden existir en barriadas marginales llegan muy amortiguados.

Las notas del discurso que recogimos en las calles de Ceuta, hablando con mujeres españolas (y algunos hombres) y mujeres marroquíes, da idea de la complejidad de la sociedad ceutí, en la que unos más que otros sienten la presión demográfica, la presión del desempleo, el recorte en la inversión y desarrollo de puestos de trabajo que históricamente el gobierno español ha favorecido en Ceuta, la falta de movilidad por tradición y por posibilidades (Ceuta aparece como una de las ciudades españolas con menos tradición de movilidad para buscar empleo).

Prospectiva del mercado de trabajo en Ceuta

Como hemos señalado, a todas las personas con las que hablamos les pedimos su opinión sobre las posibles intervenciones que se podrían desarrollar para mejorar la situación laboral de las mujeres en Ceuta. De la información recogida en el trabajo de campo se apuntan dos posibilidades, una de ellas es el turismo. Encontramos a algunas personas que creen que las posibilidades de Ceuta como ciudad turística están desperdiciadas y algunas de las explicaciones que dan al respecto son que el desplazamiento a Ceuta desde la península es caro, o que las posibilidades del entorno natural no han sido explotadas (para submarinismo, buceo, actividades acuáticas….). Se siente que no hay iniciativas para potenciar el turismo en Ceuta. No parece que haya habido políticos que hayan tenido la visión de hacer de Ceuta (y quizá conjuntamente con Melilla) un polo de atracción turístico. Reconocen que ya una parte importante de la actividad de Ceuta procede del intercambio con los vecinos marroquíes y que se podrían iniciar nuevas actividades relacionadas con un turismo quepuede estar al otro lado de la frontera del Tarajal, además de en España.

La otra propuesta que se dibuja es el impulso del emprendimiento o potenciación de los proyectos laborales y profesionales desarrollados a partir de la iniciativa propia de las mujeres ceutíes. Ya hay un grupo de mujeres que con una actitud proactiva están enfrentándose a la situación laboral iniciando actividades profesionales o empresariales de forma autónoma. Y dado que se la hemos escuchado a las propias mujeres, hemos considerado que es una opción que merece la pena analizar con detenimiento.

7

ANÁLISIS DE LA EVOLUCIÓN DE LAS ACTIVIDADES DE EMPRENDIMIENTO EN ESPAÑA Y EN CEUTA, CONSIDERANDO TAMBIÉN UNA PERSPECTIVA DE GÉNERO

Siendo conocida y al analizarla más en profundidad la realidad sociolaboral de las mujeres en Ceuta, y tratando de responder al compromiso que adquirimos cuando recibimos la beca del IEC, de buscar aportaciones inspiradas en lo que a nivel de país también se está proponiendo, nos quedaba explorar las posibilidades que las acciones de emprendimiento podrían tener para mejorar la situación sociolaboral de las mujeres en Ceuta. Hemos analizado en qué medida el emprendimiento podría ser una opción viable. Para documentarnos al respecto, revisamos la situación y evolución del emprendimiento en Ceuta, hablamos con varias emprendedoras y analizamos los recursos disponibles para poner en marcha iniciativas de emprendimiento. Con este fin, hemos revisado los resultados y conclusiones de los estudios e informes más solventes que recientemente se han realizado sobre emprendimiento, prestando especial atención al informe GEM y al informe del Centro de Investigaciones Sociológicas que describimos a continuación y donde hemos encontrado algunos elementos que consideramos que podrían ser aportaciones de interés.

El emprendimiento como propuesta de actuación

En la actualidad, cuando el conseguir y mantener un puesto de trabajo es complicado, el emprendimiento es una opción para que una persona por sí misma cree su puesto de trabajo –autoempleo– y pueda contribuir a generar nuevos empleos. Dada la importancia del emprendimiento a nivel global han surgido diversas iniciativas a diferentes niveles, local, nacional e internacional, que analizan el fenómeno y proponen planes de actuación.

Por su carácter global, consideramos el proyecto Global Entrepreneurship Monitor (GEM) (www.gem-spain.com), cuyo fin es "...crear una red internacional de investigación en el entorno de la Creación de Empresas", como una iniciativa de la London Business School y del Babson College que sigue analizando la actividad de emprendimiento mundial.

España, a través del Instituto de Empresa, se incorporó al Proyecto GEM en su segunda edición el año 2000. En la edición actual del 2013 ha participado en el estudio junto a más de noventa países. La iniciativa no tiene precedentes y el desarrollo actual del Proyecto le conduce a ser un referente en la investigación del fenómeno emprendedor en todo el mundo.

A lo largo de las siguientes páginas se va a intentar profundizar en la actividad emprendedora en España para centrarnos posteriormente en la situación de Ceuta. Finalmente, se señalarán las características más importantes de las empresas creadas por mujeres en Ceuta a partir de la información proporcionada por algunas de ellas así como sus recomendaciones sobre líneas de actuación para la ciudad.

El emprendimiento en España en relación con los países de su entorno

Un primer análisis lo dedicamos a datos que permiten la comparación entre España y el resto de los países europeos en los que se encuadra. En el informe GEM 2013, participaron 2.460 ciudadanos españoles a los que se les hizo una entrevista telefónica. Brevemente de la comparación entre España y el resto de los países de la Unión Europea en los que se encuadra (EU28) cabe destacar los siguientes datos. Del conjunto de la eurozona, España aparece entre los países en los que al emprendimiento les queda un recorrido importante. En su conjunto España tiene que mejorar para conseguir una mayor prevalencia de relaciones profesionales con otros paises para el desarrollo de productos o servicios; tiene que mejorar en establecer relaciones profesionales con otros países para hacer más eficiente el negocio, para crear nuevos productos o servicios para nuevos clientes, nuevos productos o servicios para sus clientes actuales y comercializar sus productos hacia clientes nuevos.

Específicamente, en lo que tiene que ver con el emprendimiento desde la perspectiva de género, según el informe de referencia del GEM 2013, la actual situación económica ha afectado más al emprendimiento femenino que al masculino (en torno al 4% y 7% por ciento respectivamente). El estudio mencionado mide las percepciones y actitudes emprendedoras respecto al futuro cercano obligando a las personas entrevistadas a posicionarse en un sentido o en otro.

Respecto a las percepciones y actitudes emprendedoras, según el estudio de referencia (GEM, 2013), los datos se refieren a la zona euro (EU28). En España un 16% cree (percibe) que hay oportunidades para emprender un negocio en el sitio que vive (frente a una media del 33% de los países de la eurozona), solo por delante de Grecia. Esto podría entroncar con la percepción de un país que ha vivido años de crecimiento económico continuo y posteriormente un estancamiento importante. El 48.4% (media de 40.6% en los países de la eurozona) de los españoles encuestados cree que tiene las competencias, habilidades requeridas, conocimiento y experiencia para emprender o iniciar un nuevo negocio.

Estos datos sugieren un desajuste entre las competencias percibidas en uno mismo y las oportunidades que se perciben que ofrece el entorno, que son menores. Entre los que ven las oportunidades, un 36.3% informa de miedo a fracasar en la iniciativa (media EU28=38.2). Solo el 8.4% (media EU28=12.3) mostraba intenciones de poner en marcha un negocio en los 3 próximos años. El 54.3% (media EU28=53.5) piensa que crear tu propia empresa es una buena opción profesional, el 52.3% (media EU28=67.3), considera que el emprendimiento tiene atractivo porque permite status social y los medios de comunicación lo reconocen. El 45.6% (media EU28=55.7) señalan que los medios de comunicación le dedican suficiente atención a los emprendedores.

Un elemento clave a la hora de emprender son las motivaciones del emprendedor. La literatura académica y el propio informe GEM hacen referencia a dos tipos de motivaciones: necesidad y oportunidad. Así, la motivación de oportunidad envuelve que el emprendedor ha identificado una necesidad en el mercado y ve la oportunidad de cubrir esa necesidad mediante prestar un servicio determinado o crear un producto determinado. Por otro lado, la motivación de necesidad se relaciona con la falta de oportunidades en el mercado de trabajo que "obliga" a la persona a crear su propio puesto de trabajo mediante el emprendimiento de acuerdo con aquello que la persona sabe hacer y, habitualmente, no con lo que necesita el mercado específicamente. Esto es un elemento importante que debe ser considerado a la hora de poner en marcha opciones de emprendimiento viables y que puede ser especialmente delicado cuando existe una falta de concordancia entre estudios realizados y oportunidades de trabajo, lo cual afectaría de manera especial al caso de Ceuta.

En relación con las motivaciones para poner en marcha un nuevo negocio, el 29.2% de los encuestados señaló que era por necesidad (media EU28=18.3. El

33.2% lo señaló como una oportunidad (media EU28=53.7). Así, mientras que en Europa existe un predominio de emprendedores por oportunidad que proveería una base para un tejido empresarial innovador, en España predominan las opciones de emprendimiento por necesidad, lo que se traduce en que no es la opción preferida sino más bien es considerada la única disponible.

La tasa de creación de empresas es 3.1 (media EU28=4.8), la tasa de discontinuidad en el negocio es 1.9 (media EU28=2.9), el porcentaje de negocios creados como respuesta a la necesidad es 29.2% (media EU28=22), mientras que la tasa de negocios que corresponden a la explotación de oportunidades es 33.2 (media EU28=47).

En conclusión, en Europa y en España aparecen actitudes poco favorables hacia el emprendimiento en comparación con los países de menor desarrollo. Incluso durante la crisis económica, en algunos países que mantuvieron un alto desarrollo económico, la gente prefiere encontrar otras alternativas de empleo, tales como trabajar en el sector público para gobiernos o empresas. En el caso concreto de España, las actitudes hacia el emprendimiento son menos favorables que la media de los países de la eurozona.

Las actividades de emprendimiento se llevarían a cabo por necesidad más que por oportunidad y existe un acentuado miedo al fracaso, datos que se acentúan cuando se refieren a España.

En relación con el género, los hombres aparecen como más emprendedores que las mujeres.

Para profundizar en el análisis del perfil de emprendimiento en España y en Ceuta se va a tomar como punto de análisis el informe GEM España 2013 (presentado a los medios el 31 de marzo de 2014). Así, la Figura 2 muestra los principales datos comparando lo ocurrido entre los años 2012 y 2013.

Figura 2. Datos Balance Scorecard GEM España 2013.

Valores, actitudes y aspiraciones emprendedoras en la población	2013	2012	Evolución
Tiene cierta red social (conoce a emprendedores)	30,8%	31,1%	Disminuye
Percibe buenas oportunidades para emprender	16,0%	13,9%	Aumenta
Reconoce tener habilidades y conocimientos para emprender	48,4%	50,4%	Disminuye
El miedo al fracaso es un obstáculo para emprender	47,7%	53,0%	Disminuye
La población española posee espíritu competitivo	73,9%	28,1%	Aumenta
Tiene intención de emprender en los próximos tres años	9,3%	12,0%	Disminuye
Ha abandonado una actividad para cerrarla o traspasarla o por jubilación	1,9%	2,1%	Disminuye
Ha actuado como inversor informal o como *business angels*	3,2%	3,8%	Disminuye
TEA, tasa de iniciativas de entre 0 y 3,5 años en el mercado sobre la población de 18-64 años residente en España	2013	2012	Evolución
TEA Total	5,2%	5,7%	Disminuye
TEA Femenina (sobre total de población femenina de 18-64 años)	4,2%	4,0%	Aumenta
TEA Masculina (sobre total de población masculina de 18-64 años)	6,2%	7,4%	Disminuye

Fuente: Informe GEM España (2013)

Como se puede observar en la Figura 2, ha mejorado la percepción sobre el entorno para emprender, sin embargo, eso no se traduce en una intención real de hacerlo ya que desciende la intención de emprender en los próximos tres años.

Algunos de los datos en 2013 han mejorado respecto al año anterior, por ejemplo en lo que tiene que ver con el miedo al fracaso que disminuye un 5,3%. Este dato está relacionado con la alta mejoría que se ha producido respecto a la percepción sobre el espíritu competitivo de los españoles. Otro dato positivo es que el abandono de la actividad también ha disminuido, así mejora la permanencia de las empresas en el mercado tras los cinco años de cierres de la crisis económica.

Finalmente, siguen empeorando los datos respecto a la pertenencia a una red social de emprendedores. Parece que, a pesar de los esfuerzos que se están realizando desde la administración y desde las organizaciones empresariales, los emprendedores siguen sintiéndose poco acompañados en su vida empresarial. Pese a que se observa la evolución de la percepciones en términos generales se puede considerar como positiva, en la Figura 2 muestra que disminuye la percepción de tener habilidades y conocimientos para emprender. De acuerdo con estos datos, parece necesario profundizar en la formación sobre conocimientos y habilidades relativos al emprendimiento, lo que puede configurar una línea de actuación futura.

En cuanto a la actividad emprendedora total (TEA) en España, aunque disminuye en la tasa total, se incrementa la tasa femenina ligeramente. La Figura 3 profundiza en la evolución de la misma.

**Figura 3. Evolución de la actividad emprendedora
total en España entre 2012 y 2013.**

Distribución del TEA, tomado como 100%	2013	2012	Evolución
TEA por necesidad (iniciativas creadas por falta de alternativas de empleo)	29,2%	25,6%	Aumenta
TEA por oportunidad (iniciativas que aprovechan un negocio detectado)	66,8%	72,3%	Disminuye
TEA por otro motivo (iniciativas creadas por otros motivos)	4,0%	2,1%	Aumenta
TEA del sector extractivo o primario	3,5%	3,8%	Disminuye
TEA del sector transformador	14,9%	18,4%	Disminuye
TEA del sector de servicios a empresas	28,0%	25,7%	Aumenta
TEA del sector orientado al consumo	53,6%	52,2%	Aumenta
TEA sin empleados	52,2%	57,1%	Disminuye
TEA de 1-5 empleados	39,6%	36,4%	Aumenta
TEA de 6-19 empleados	5,1%	5,7%	Disminuye
TEA de 20 y más empleados	3,1%	0,8%	Aumenta
TEA iniciativas completamente innovadoras en producto o servicio	14,7%	19,2%	Disminuye
TEA iniciativas sin competencia en su principal mercado	11,2%	13,5%	Disminuye
TEA iniciativas que utilizan tecnologías de menos de un año en el mercado	12,0%	12,5%	Disminuye
TEA iniciativas cuyo sector es de base tecnológica media o alta	7,5%	9,9%	Disminuye
TEA iniciativas que exportan en algún grado	27,2%	25,5%	Aumenta
TEA iniciativas con notable expectativa de expansión a corto plazo	0,1%	0,1%	Estable
TEA iniciativas de emprendedores extranjeros del régimen general	6,5%	6,5%	Estable
TEA iniciativas de emprendedores extranjeros del régimen comunitario	1,9%	2,1%	Disminuye

Fuente: Informe GEM España (2013)

En cuanto a las motivaciones, la Figura 3 muestra dos datos importantes que requieren consideración. Primero, aun siendo todavía el porcentaje muy elevado, disminuyen los emprendedores por oportunidad. En segundo lugar, se incrementan los emprendedores por necesidad. Cruzando estos datos con los analizados en apartados anteriores que describían la situación de las mujeres, se podría sugerir que las mujeres se podrían estar viendo empujadas a emprender por necesidad, al no encontrar otras alternativas de empleo. Además, el hecho de la menor innovación de las empresas creadas en producto y tecnología podría ser indicativo de una creación de empresas más tradicional, tal y como ocurre cuando la empresa se crea por necesidad. Así, los datos en conjunto podrían indicar tal y como apunta el informe GEM (2013) que las empresas creadas podrían estar creadas por personas desempleadas o con serias dificultades para incorporarse al mercado laboral. Estas empresas, en muchos casos carecen de la competitividad como para prolongar sus actividades económicas más allá de los primeros cinco años. Si recuperamos la información recogida en el estudio de campo, las mujeres podrían estar detrás de este perfil de emprendedor, aunque por otra parte parece tener un soporte endeble y no parece ser lo suficientemente fuerte para crear un tejido empresarial sólido en el futuro.

Además, analizar las percepciones sobre el emprendimiento en España puede aportar información sobre la evolución futura del mismo y proveer de líneas de actuación para potenciar el emprendimiento. La Tabla 33 muestra la evolución de las percepciones respecto al emprendimiento, el estilo de vida y los modelos de referencia que poseen.

Tabla 33. Evolución percepción emprendimiento
desde 2005 a 2013. Datos en porcentajes

Percepción sobre el emprendimiento	2005	2006	2007	2008	2009	2010	2011	2012	2013
Oportunidades para emprender en los próximos seis meses	28,0	25,7	25,0	25,4	16,9	18,8	14,4	13,9	16,0
Posesión de conocimientos y habilidades para emprender	46,6	50,1	47,2	46,5	51,2	49,8	50,9	50,4	48,4
Miedo al fracaso como un obstáculo para emprender	52,8	52,7	46,2	48,3	48,1	54,5	46,9	47,0	47,7
Existencia de modelos de referencia	31,8	35,8	35,5	37,6	32,6	32,4	28,7	31,1	30,8
Difusión del emprendimiento en medios de comunicación	41,3	42,9	43,7	43,5	37,0	40,7	44,6	63,7	45,6
Equidad en los estándares de vida en España	43,9	45,3	44,3	36,2	41,2	30,5	28,4	28,1	73,9
Ser emprendedor es una buena opción empresarial	71,4	62,1	60,4	68,2	62,9	65,4	65,2	63,6	54,3
Ser emprendedor brinda estatus social y económico	60,2	53,4	53,3	58,3	54,6	62,5	66,5	63,7	52,3

Fuente: Elaboración propia a través del Informe GEM España (2013)

Como se puede ver en la Tabla 33, se ha deteriorado en más de 10 puntos la percepción sobre las posibilidades de emprender en el corto plazo, lo cual está en línea con los expertos entrevistados en el estudio quienes opinan que la situación en las condiciones del entorno empeoran para el emprendimiento. Sin embargo, las personas tienen un menor temor al fracaso, lo cual sugiere que poco a poco la aversión al riesgo, una de las barreras principales al emprendimiento, se va mitigando aunque este dato hay que tomarlo con cautela puesto que simplemente pudiera deberse a que se está produciendo una resignación sobre el futuro y la dificultad de encontrar otra forma de encontrar un empleo.

Respecto a la percepción sobre la posesión de conocimientos y habilidades para emprender no ha fluctuado excesivamente durante el periodo, manteniéndose alrededor del 50% de los entrevistados los que consideran que tienen conocimientos y habilidades. Es decir, todavía está el otro 50% que considera que no tiene esos conocimientos, lo que proporciona un amplio margen de mejora.

En el caso de modelos de referencia y difusión del emprendimiento en los medios de comunicación, los datos muestran poca variación en todo el periodo con la excepción de los dos últimos años –2012 y 2013– en el caso de la difusión del emprendimiento en los medios de comunicación. En general, los datos muestran baja difusión. En el caso de los modelos de referencia de media solo el 32,9% de los entrevistados afirman que conocen la existencia de emprendedores que les sirven de inspiración para seguir el mismo camino. En el caso de la difusión por parte de los medios de comunicación, de media un 44,78% de los entrevistados considera que la difusión es suficiente. Así, en estos dos ámbitos hay un amplio margen de mejora donde se pueden desarrollar planes concretos de difusión y promoción de emprendedores. Estos planes podrían conseguir un doble objetivo: visibilizar a los emprendedores ya establecidos y potenciar la cultura de emprendimiento.

Con respecto al estatus y opciones profesionales que ofrece el emprendimiento, igual que en los casos anteriores todavía es necesario un mayor impulso para que esta opción profesional sea vista como natural y con prestigio dentro de la cultura de trabajo en España, ya que estas dos percepciones obtienen unas valoraciones medias de un 63,72% que consideran que ser emprendedor es una buena opción empresarial y un 58,3% de los entrevistados que opina que ser emprendedor brinda estatus social y económico. Este último dato muy por debajo de la opinión registrada como media en el resto de los países de la Unión Europea.

Otros datos interesantes que refleja el informe GEM (2013) en relación con España son los siguientes:

1. El emprendimiento en España sigue siendo una actividad dominada principalmente por los hombres. En 2013 alrededor de seis de cada diez emprendedores eran hombres.

2. La edad media del emprendedor potencial y nuevo se encuentre entre 35 y 44 años.

3. Más de un tercio de los emprendedores potenciales tenía algún tipo de formación superior y/o posgrado.

4. Los emprendedores más formados son los emprendedores nuevos, lo cual indica que en la actualidad los emprendedores están más formados que los emprendedores de etapas anteriores.

5. El abandono mayor se consolida entre los emprendedores sin formación.

Con el ánimo de analizar situación actual del emprendimiento en Ceuta se han extraído los datos relativos a esta ciudad autónoma en el mencionado Informe GEM (2013).

Figura 4. Posicionamiento de las comunidades autónomas respecto a la percepción de oportunidades y auto-reconocimiento de conocimientos y habilidades para emprender en 2013

 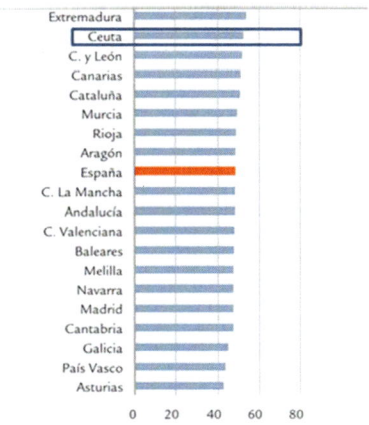

Fuente: Adaptada del Informe GEM (2013)

Como se puede observar en la Figura 4, el posicionamiento de Ceuta respecto a la percepción de oportunidades y auto-reconocimiento de conocimientos y habilidades para emprender en 2013 está en ambos casos por encima de la media nacional. Así, las personas entrevistadas parecen percibir mayores oportunidades para emprender durante los próximos seis meses y, además, perciben que se encuentran en posesión de conocimientos y habilidades para emprender mejor que la media de España. Estos datos resultan sorprendentes dado el bajo nivel de emprendimiento que se ha producido históricamente en Ceuta (ver Tabla 34).

La Tabla 34 muestra la evolución del potencial emprendedor, medido como la intención de crear una empresa en los próximos tres años, en España y en Ceuta desde el periodo 2007 que es desde que se tienen datos de esta ciudad autónoma. Como se puede ver, la intención de crear una empresa en Ceuta siempre ha estado por debajo de la media española hasta el periodo 2012 donde cambia esta tendencia que se mantiene durante 2013.

**Tabla 34. Evolución del potencial emprendedor en
España y Ceuta (periodo 2003-2012).**

Territorio	2003	2004	2005	2006	2007	2008	2009	2010	2011	2012
España	6,7%	5,4%	5,9%	6,4%	6,8%	7,7%	5,5%	6,7%	9,7%	12,0%
Ceuta	N/D	N/D	N/D	N/D	5,5%	7,4%	3,1%	5,5%	N/D	12,2%

Fuente: Elaboración propia a partir del Informe GEM Andalucía año 2012.

Ahondando sobre las percepciones, en el caso de Ceuta el miedo al fracaso está por encima de la media de España (ver Figura 5), hecho que indica, como ya se ha apuntado, que el crecimiento del emprendimiento en esta ciudad autónoma se podría estar produciendo por necesidad al no encontrar otras salidas profesionales, pero las personas no se sienten seguras respecto a la actividad iniciada. Otra posible explicación a la vista de la mejor posición respecto a la media de los modelos de referencia para emprender, es que se incrementa el temor al fracaso debido precisamente a no tener modelos de referencia a los cuales imitar que les sirva de inspiración.

Figura 5. Posicionamiento de las comunidades autónomas respecto a la percepción sobre el miedo al fracaso y modelos de referencia para emprender en 2013

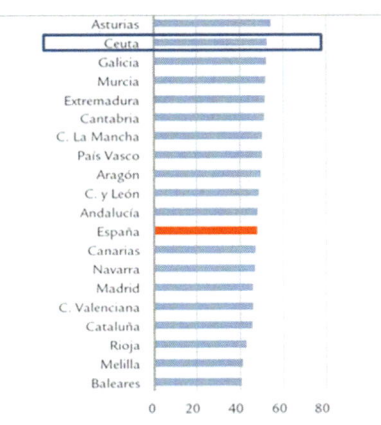
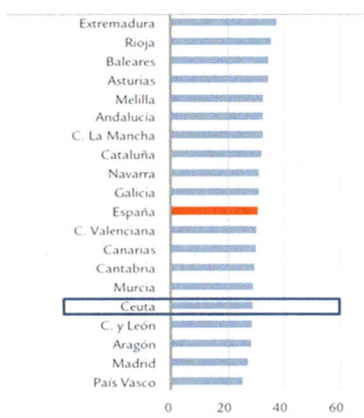

Fuente: Adaptada del Informe GEM (2013)

La Figura 5 muestra el posicionamiento de Ceuta respecto al resto de territorios en España en lo que tiene que ver con los emprendedores potenciales, nacientes y nuevos. Los emprendedores potenciales son aquellos que tienen la intención de crear una empresa en los próximos tres años. Los emprendedores nacientes son los que están poniendo en marcha una empresa o ya la han establecido pero no han pagado salarios por más de tres meses, finalmente los emprendedores nuevos son los que ya tienen establecido un negocio y llevan más de tres meses pagando salarios pero todavía no llega a cuarenta y dos meses ejerciendo la actividad. Como se puede ver en la Figura 6, mientras que los emprendedores potenciales se encuentran por encima de la media, la realidad es que la actividad emprendedora está muy por debajo de la media en España, lo cual indicaría que no existe una cultura arraigada de emprendimiento y que ante la situación de desempleo existente en el territorio, las empuja a crear su propio empleo.

La Figura 6 apoyaría estas afirmaciones. En esa figura se presenta por comunidad autónoma la actividad emprendedora total que comprende los emprendedores nacientes más los nuevos, los emprendedores consolidados que son los que llevan ejerciendo la actividad más de cuarenta y dos meses y finalmente los emprendedores que han dejado la actividad (cierres) durante los últimos doce meses. Como se puede ver, tanto en actividad emprendedora total como en emprendedores consolidados Ceuta está en las últimas posiciones. Igualmente se encuentra por encima de la media nacional en cierres de empresas.

Figura 6. Posicionamiento de las comunidades autónomas respecto al tipo de emprendedores en España en 2013

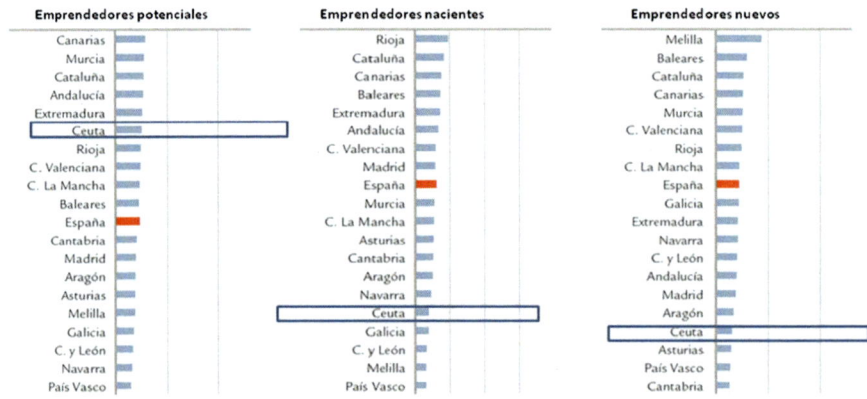

Fuente: Adaptada del Informe GEM (2013)

Figura 7. Posicionamiento de las comunidades autónomas respecto al tipo de emprendedores en España en 2013

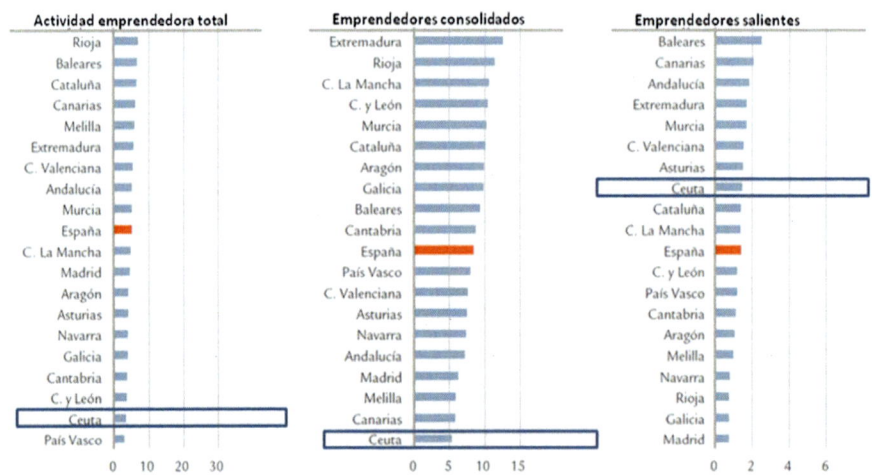

Fuente: Adaptada del Informe GEM (2013)

Respecto a los sectores en los que las empresas en fase inicial se posicionan, Ceuta también se encuentra en los extremos (ver Figura 7). Por una parte es el territorio que tiene el mayor número de emprendimientos en fase inicial en el sector de transformación y no tiene ningún nuevo emprendimiento en servicios a empresas. En el caso de nuevos emprendimientos en servicios al consumidor se encuentra por encima de la media.

Figura 8. Emprendedores en fase inicial por sectores

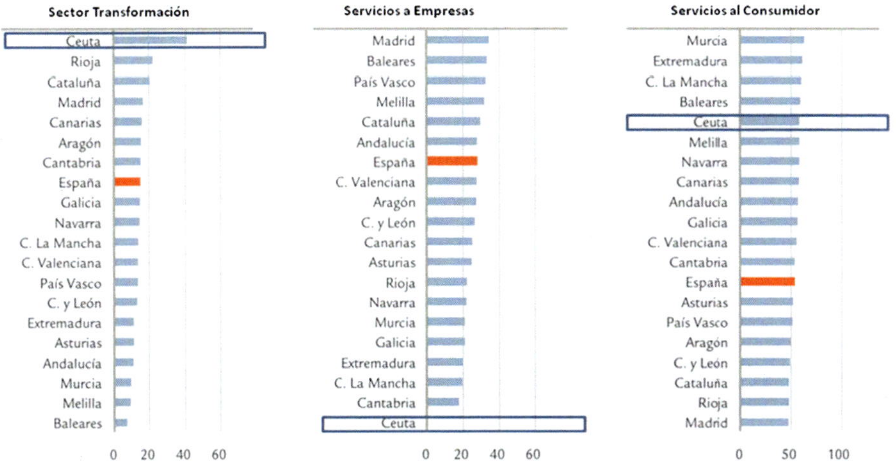

Fuente: Adaptada del Informe GEM (2013)

Finalmente, se van a resaltar dos datos que pueden ser relevantes e indicativos de mejora en el mercado de trabajo en los próximos años y de la evolución positiva que está teniendo el emprendimiento en Ceuta. En la Figura 9, se puede ver que Ceuta se sitúa en primer lugar en los emprendimientos iniciales respecto al porcentaje de clientes en el extranjero. Este dato es lógico dado el posicionamiento territorial de Ceuta, pero a la vez puede ser un buen indicativo de que a las nuevas empresas en Ceuta les puede ir mejor que en la península dado que la situación en Marruecos, principal mercado de Ceuta, se encuentra con una situación económica en desarrollo. Este dato coincide con la percepción que tienen muchas de la mujeres ceutíes con las que hablamos que relatan la intensa actividad comercial que existe en estos momentos con Marruecos y que también perciben este país como un potencial cliente global para el desarrollo de otras áreas de actividad que consideran poco explotadas como el turismo, como ya se ha señalado.

Figura 9. Emprendedores en fase inicial con más de 25% de clientes en el extranjero

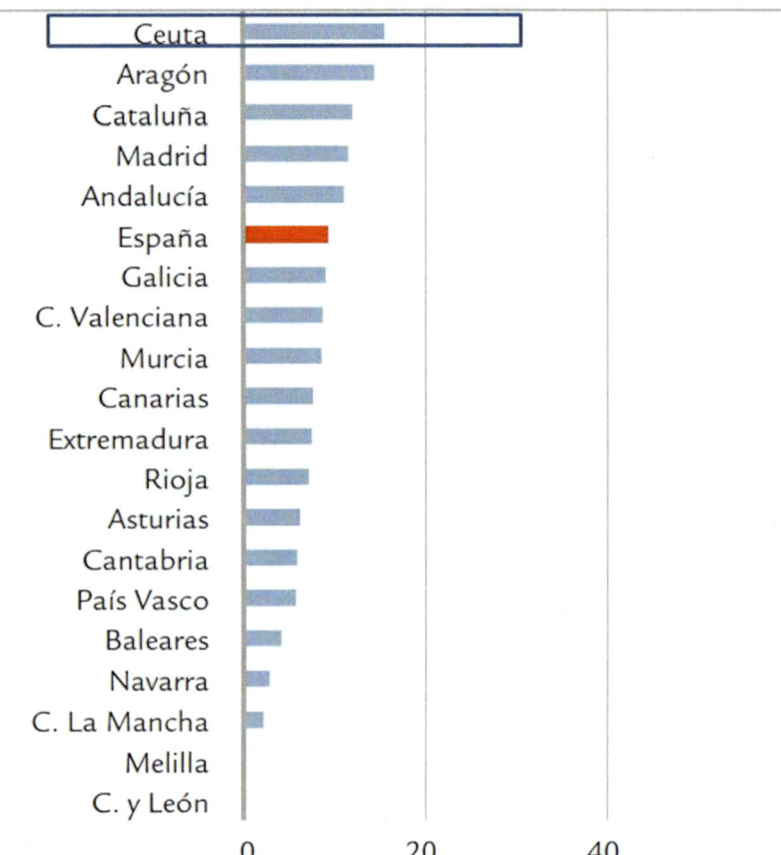

Fuente: Informe GEM (2013)

Finalmente, un dato relevante sobre el desarrollo actual del mercado de trabajo y del emprendimiento en Ceuta tiene que ver con el crecimiento esperado de las empresas de nuevo emprendimiento ceutíes. Como se puede ver en la Figura10, las empresas ceutíes están ligeramente por debajo de la media cuando se les pregunta si van a tener más de cinco empleados en cinco años. Por lo tanto, se constata que, aunque se espera crecer, el predominio de las microempresas va a ser un hecho en el mercado laboral ceutí y, por tanto, aunque los datos sugieren la creación de nuevos puestos de trabajo, no parece que se vayan a crear tantos como el mercado ceutí necesita, es decir, las empresas ya establecidas no van a ser suficientes para la mano de obra existente y puede que en el futuro cercano la tasa de emprendimiento en este territorio continúe incrementándose como en los últimos dos años.

Figura 10. Emprendedores en fase inicial que esperan tener más de 5 empleados en cinco años

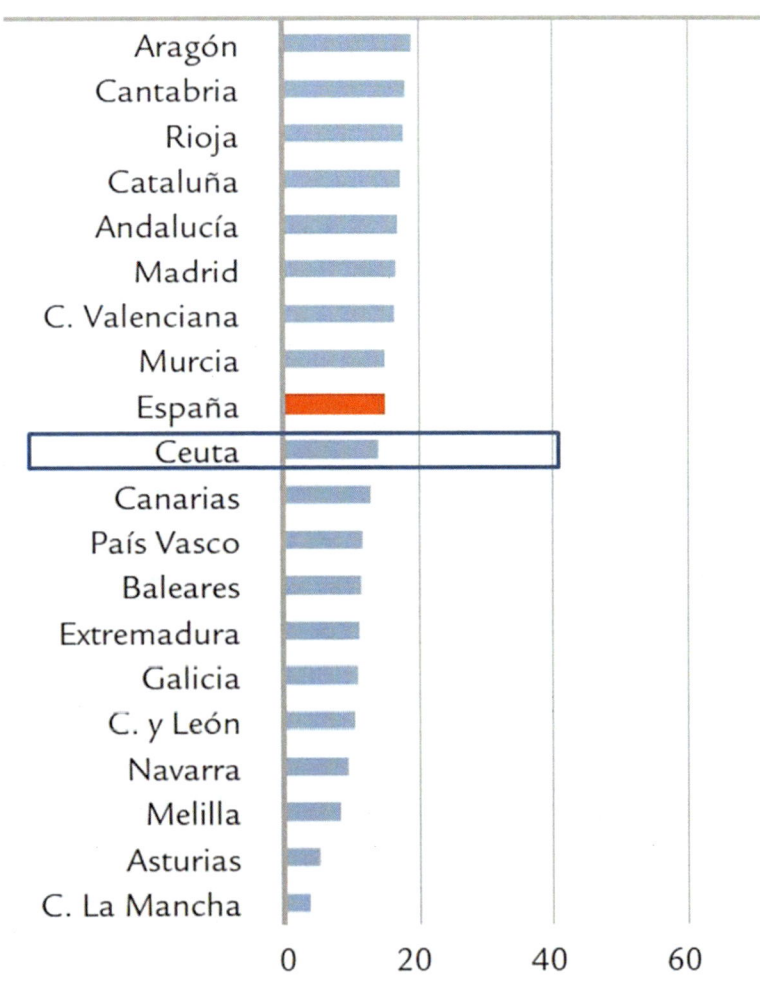

Fuente: Informe GEM (2013)

La conclusión que podemos sacar de los datos presentados es que a pesar de que aparezcan algunos aspectos mejorables podríamos decir que algo ha empezado a cambiar en Ceuta respecto al emprendimiento. Para hacer esta afirmación nos apoyamos en los datos que indican que algunas de las personas que participaron en este estudio parecen haber empezado a considerar la posibilidad de iniciar un negocio. Sería un buen momento para identificar a estas personas y prestarles el apoyo necesario para desarrollar estas posibilidades.

En su conjunto, los datos revisados ponen de relieve algunos asuntos que son destacables de cara a la propuesta que tenemos que hacer. El primero tiene que ver con la necesidad de desarrollar estrategias que potencien el emprendimiento femenino, y especialmente el emprendimiento en mujeres jóvenes, que están entre el sector de población ceutí con peores resultados de empleo en 2013 y en años anteriores. El otro factor importante es potenciar los programas de formación para el emprendimiento al objeto de mejorar la motivación para llevar a cabo proyectos de emprendimiento y asegurar la viabilidad y el éxito de los proyectos ya iniciados y evitar el abandono.

Para completar el análisis sobre las tendencias que está siguiendo el emprendimiento en Ceuta, analizamos los datos disponibles sobre creación de empresas en este territorio mediante el estudio de las empresas que estaban operativas en la base de datos SABI (Sistema de Análisis de Balances Ibérico) a 31 de diciembre de 2011 a nombre de mujeres. Esta base de datos contiene todas las empresas, y personas jurídicas tanto sociedades anónimas como personas jurídicas, creadas en España y su actividad económica.

Se han analizado los datos correspondientes a la ciudad autónoma de Ceuta y se ha analizado la actividad emprendedora hasta ese periodo de las mujeres, entendiendo que cuando una empresa está creada por una mujer le corresponde a ella la actividad emprendedora. Aplicando estos criterios se han encontrado los datos que se describen a continuación.

A 31 de diciembre de 2011 había 273 empresas vivas, con actividad hasta ese periodo, de las cuales solo 36 pertenecían a mujeres. Como se puede ver en las Figura 11, solo un 13 % de las empresas corresponden a mujeres.

De esas 36 empresas solo dos son sociedades anónimas, el resto son limitadas ,lo que implica una menor necesidad de capital. Estas empresas tienen una media de antigüedad de 12 años, lo cual significa que están consolidadas. De hecho solo 3 de ellas tienen menos de tres años, es decir, un 8% de las empresas dirigidas por mujeres se encuentran en una etapa naciente.

La media de facturación anual de las empresas dirigidas por mujeres es de 364 mil euros anuales con un capital de 350 mil euros de media. Este último dato de capital indica que las empresas están bien capitalizadas. El número de puestos de trabajo que han puesto en marcha es un total de 134, 4 empleados de media. La empresa que más empleados tiene contabiliza 35 empleados.

Figura 11. Empresas vivas en Ceuta a 2011
considerando el género de los empresarios

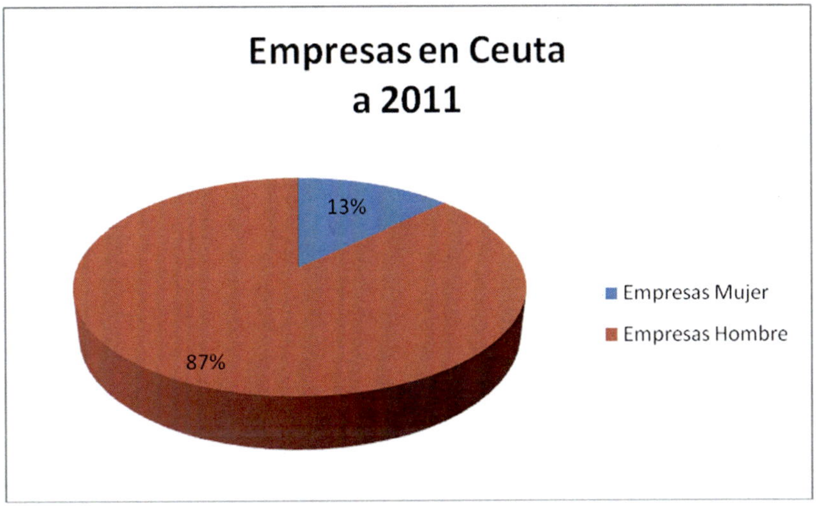

Fuente: Elaboración propia a partir de los datos de SABI.

Se podría decir que estas empresas aprovechan poco sus altas capacidades exportadoras ya que solo un 6% de las empresas de mujeres ceutíes tienen ingresos en el extranjero (ver Figura 12). Esta situación se podría explicar por las actividades a las que las empresas dirigidas por mujeres se dedican: formación, sanidad, compraventa al detalle o al por mayor, actividades inmobiliarias y consultoría a empresas. La mayoría de estas actividades no realizan actividad de importación ni de exportación.

Figura 12. Empresas con actividad importadora/exportadora en Ceuta.

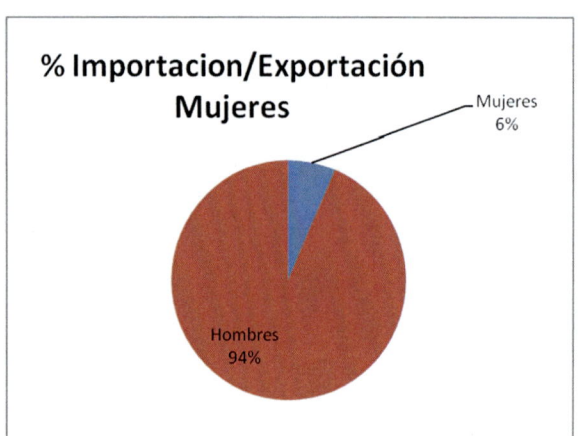

Fuente: Elaboración propia a partir de los datos de SABI.

Cuando se profundiza en las características de las mujeres que dirigen estas empresas nos encontramos con el mapa que se muestra en la Figura 13. Para identificar su origen se ha seguido el siguiente procedimiento: En primer lugar se analizaron los nombres y apellidos y en segundo lugar se llamó para confirmar el origen. Como se puede observar en esa figura, el 75% de las mujeres que han creado una empresa son de origen español, el 19% son de origen marroquí y el 6% eran de otros orígenes, principalmente hebreo.

Figura 13. Clasificación de las empresas dirigidas por mujeres según el origen de la mujer

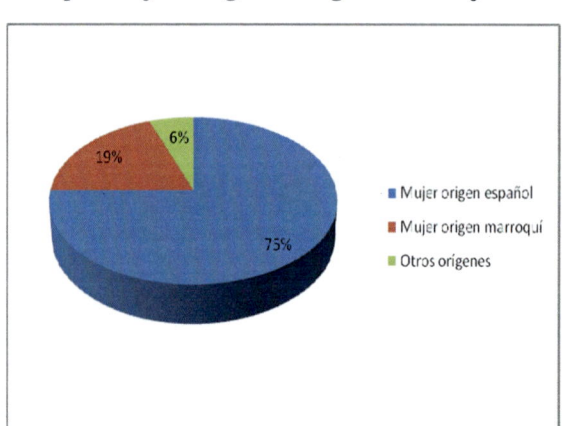

Fuente: Elaboración propia a partir de los datos de SABI.

Finalmente, con el ánimo de entender mejor las motivaciones de las mujeres emprendedoras, cómo dirigen su empresa y cómo ven el mercado de trabajo para las mujeres ceutíes, se contactó con tres mujeres empresarias, cuya empresa figuraba en la base de datos SABI. A todas se les garantizó la confidencialidad por lo que no se va a proporcionar en este informe todos los datos específicos de cada una de ellas, pero sí cierta información que permiten entender la importancia de los datos que han proporcionado.

La primera emprendedora tiene varias empresas activas en Ceuta, algunas de las cuales las ha heredado de su madre, por lo que sus negocios están consolidados en la ciudad. Sus empresas se dedican a consultoría, formación e importación exportación. Es una mujer universitaria de mediana edad y originaria de Ceuta, de origen español. En su opinión, las mujeres tienen las misma oportunidades que los hombres para crear una empresa, de hecho "Ceuta, al ser tan pequeña, facilita el moverse rápidamente por la ciudad, por lo que no pierdes tiempo". En sus empresas hay contratadas principalmente mujeres pero advierte que no siempre es fácil encontrar mujeres, con el perfil adecuado, dado que casi el cincuenta por ciento de la población es musulmana y no siempre puedes contar con ellas "o porque no tienen formación o sus normas culturales les impiden realizar ciertos tipos de trabajo de cara al público". La valoración de esta empresaria sobre la situación laboral de las mujeres en Ceuta resulta coincidente con lo señalado en el estudio de campo comentado anteriormente, es decir, que existe una brecha social importante entre las mujeres de origen cristiano y las de origen musulmán.

La segunda emprendedora, igualmente española de origen, es una mujer de 32 años que ha puesto en funcionamiento una peluquería y centro de belleza, donde trabajan otras dos mujeres. Abrió su negocio hace dos años, por lo que se puede considerar un negocio naciente. Afirma que la crisis no ha influido en su negocio y que incluso ha podido ampliar servicios y ampliar la venta de productos de belleza. En lo demás, no encuentra en Ceuta ningún problema adicional para las mujeres y según ella "quien quiere trabajar de verdad encuentra trabajo".

La tercera emprendedora es de origen musulmán, tiene una empresa de venta al por mayor, pero cuando se contacta con ella el teléfono es el de una casa donde tiene el domicilio fiscal. Se dedica a la venta de productos marroquíes, principalmente a ceutíes de origen musulmán. Es un trabajo que le va bien porque le permite compaginar vida personal y tener un trabajo, aunque se trata de un negocio familiar, en el que no participa nadie ajeno a la familia.

Las emprendedoras consultadas han venido a corroborar las conclusiones a las que llegamos en el estudio de campo descrito anteriormente. De forma más o menos explícita, ponen de manifiesto que existe una fractura social importante que hace que haya "dos Ceutas", la de origen cristiano que domina la vida económica y política y la de origen musulmán que contribuye poco a la vida política y económica y que, por ende, son las que posicionana Ceuta mal en todas las encuestas de inserción laboral de las mujeres. La catastrófica situación laboral que muestran las encuestas no es así percibida (ni vivida) por las ceutíes de origen español.

A continuación, en el cuadro sintetizamos algunas de las conclusiones alcanzadas respecto a la situación laboral de las mujeres en Ceuta y el emprendimiento.

Cuadro 2. Situación laboral de las mujeres y emprendimiento

Las mujeres ceutíes tienen mermadas las posibilidades laborales en un entorno laboral tan limitado como es el de Ceuta. Esta disminución de posibilidades se concluye a partir del análisis de los datos oficiales presentados y contrastados en el estudio de campo realizado. En términos generales:

- Los contratos laborales de las mujeres son de mala calidad, como se ha descrito en el apartado correspondiente.

- Las opciones para acceder a puestos en la administración pública o promocionarse en este ámbito están prácticamente cerradas.

- Las mujeres jóvenes, al igual que los hombres jóvenes, han tenido pocas oportunidades de acceder a un empleo en el último año, y muchos de ellos en los últimos años.

- Los perfiles profesionales más demandados llevan asociados unos estudios específicos y unos requisitos que no coinciden con los estudios que las mujeres tienen más probabilidades de cursar en Ceuta. Los estudios que pueden cursarse en Ceuta no son los más acordes con la oferta laboral que se está haciendo.

- El análisis realizado por el GEM pone de relieve los puntos fuertes y débiles del emprendimiento en España y por extensión en Ceuta. En relación con los puntos fuertes, cabe destacar que el emprendimiento ha aparecido en Ceuta con mayor fuerza que en otras comunidades y ciudades de España. Por ello sería interesante aprovechar esta pujanza para asegurar las mayores probabilidades de éxito.

- De los datos analizados se advierte una cierta transformación o evolución de la mentalidad emprendedora que habría que fomentar y apoyar. Sería necesario aprovechar las iniciativas emprendedoras que están incubándose en Ceuta, orientándose los esfuerzos a mujeres jóvenes que son el objeto de interés de este estudio, pero que también son las que menos posibilidades de empleo han tenido en 2013 y en años anteriores.

En el estudio realizado por el Centro de Investigaciones Sociológicas (CIS) sobre las actitudes de la juventud española hacia el emprendimiento encontramos algunas claves de lo que podría ser esta aproximación, aunque en este estudio no hayan participado específicamente jóvenes ceutíes

En el estudio del CIS realizado entre marzo y abril de 2012, en el que participaron 1.437 jóvenes de edades comprendidas entre 15 y 29 años, de los que el 51% eran hombres y el 49% eran mujeres, el 90% de ellos solteros. Los datos y conclusiones se refieren a hombres y mujeres pues la muestra aparece agregada.

En una población con una de las tasas de paro más altas de Europa (56%), el principal problema que tienen los jóvenes españoles es el paro (65%) y el 56% considera que para asegurar el desarrollo económico de España hay que invertir en apoyar a las empresas, a los emprendedores y en promover el empleo entre los jóvenes, a mucha distancia queda invertir en investigación y educación (27.6%) o en solidaridad y luchar contra la exclusión social (4.2%).

Preguntados por las posibilidades de desarrollarse profesionalmente, el 46% dice que elegiría trabajar por cuenta propia, lo que indicaría una predisposición favorable hacia el emprendimiento de casi la mitad de la población, sin embargo, tal predisposición queda en cuestión cuando un 60% responde que nunca ha pensado en poner un negocio propio; ambos datos muestran una inconsistencia actitud-conducta que habría que analizar con detenimiento.

- Entre los jóvenes que se mostraban favorables a emprender negocios propios, un 52% señala que lo haría para tener independencia personal, autorrealización, realizar tareas interesantes; para poner en marcha una oportunidad empresarial (25.6%), para mejorar las perspectivas de ingresos (23%), por la libertad de elegir el lugar y el tiempo de trabajo (29.5%) y un 15% señala que lo haría por falta de oportunidades atractivas de empleo.

- Casi un 60% de los encuestados valora tener un trabajo seguro y estable, valor que lógicamente no está alineado con lo que con lleva poner en marcha un negocio que siempre va a implicar un cierto riesgo e incertidumbre.

- Las personas que no han iniciado negocios dicen no haberlo hecho por no tener una idea/oportunidad de negocio (36%), por no tener los conocimientos necesarios (21%), por el riesgo de quiebra y las consecuencias legales (44%) o la situación económica no es buena para tener un negocio (58%). Son estos tres elementos importantes para trabajar en la formación y desarrollo de proyectos de emprendimiento.

- Los riesgos más importantes de poner un negocio son la incertidumbre de los ingresos (34%), la inseguridad laboral (15%), el riesgo de perder la propiedad (15%), y la posibilidad de quiebra (27%).

- Las barreras que los jóvenes encuentran para poner un negocio son:

  La falta de financiación disponible (95%), los trámites y papeleo (70%), no tener información suficiente sobre cómo empezar un negocio (52%) y el riesgo de fracasar (52%). Son elementos importantes para su consideración en la formación de emprendedores.

- Otro aspecto que deja claro la encuesta es que la formación escolar recibida en España no ha favorecido la predisposición hacia el emprendimiento. Así, el 50% considera que no le han ayudado a desarrollar la capacidad de poner en marcha iniciativas y actitudes emprendedora, no le han ayudado a entender el papel de las personas emprendedoras en la sociedad (49.6%), no le han hecho interesarse por crear un negocio propio (67.5) y no les dieron conocimientos para dirigir su propio negocio (68%). Además, casi el 73% no ha realizado ningún curso ni actividad sobre emprendimiento a lo largo de su trayectoria académica.

Según estos resultados del estudio realizado por el Centro de Investigaciones Sociológicas, creemos que apuntan claramente a los temas que deberían ser abordados a corto, medio y largo plazo para convertir al emprendimiento en una opción viable de generación de empleo en España. La información aportada por la encuesta nos lleva a proponer opciones y recomendaciones de intervención en las siguientes áreas:

- Mejora de la información sobre el emprendimiento, sus posibilidades y limitaciones.

- Sensibilización y concienciación sobre el emprendimiento como alternativa profesional y laboral.

- Dotación de soporte y apoyo institucional para el desarrollo de proyectos de emprendimiento.

- Formación en competencias básicas para el desarrollo de proyectos de emprendimiento.

- Mejora de las competencias y predisposición emocional para desarrollar proyectos de emprendimiento.

Estas áreas de trabajo que conciernen en general al conjunto del país deberían ser trabajadas en Ceuta para un mejor aprovechamiento de las iniciativas que se están desarrollando en la ciudad.

8

PROPUESTAS PARA FAVORECER EL DESARROLLO DE PROYECTOS DE EMPRENDIMIENTO POR PARTE DE MUJERES EN CEUTA

Nos comprometimos con el Instituto de Estudios Ceutíes a elaborar una serie de propuestas de dinámicas para la mejora sociolaboral de las mujeres que viven en Ceuta. Una forma deseable de hacer estas propuestas hubiera sido que, además de recurrir a la teoría y las posibilidades que se están manejando en estos momentos a nivel nacional e internacional, hubiésemos podido identificar las propuestas que hubieran hecho las mujeres de Ceuta, más ampliamente de lo que pudimos hacerlo en el trabajo de campo realizado en la ciudad. Las características y extensión del proyecto no hacían viable esta opción, aunque como hemos señalado, hemos podido entrevistar y recoger la experiencia de mujeres que están llevando a cabo proyectos de emprendimiento. Para paliar esto, hemos recurrido, como veremos más adelante, a contrastar las propuestas que realizamos con las que hacen mujeres jóvenes, que al igual que la población en la que centramos nuestra atención en este estudio, temen el desempleo y también perciben el emprendimiento como una opción que no sería la preferida como actividad profesional.

Las propuestas las vamos a centrar en el rango de edad de mujeres jóvenes. Como hemos visto en el análisis del mercado de empleo en 2013, y por los datos disponibles sería equivalente en años anteriores, es el sector poblacional más presionado, aplicándole las estadísticas nacionales en torno a un 60% de parados para los que no se ha creado empleo.

Las propuestas se concretan en:

Primera fase:

Identificar las actitudes de las mujeres ceutíes sobre el emprendimiento

Dado que los datos disponibles del CIS no incluyen muestra de los jóvenes ceutíes, debería valorarse la oportunidad y el interés de realizar una encuesta sobre las actitudes de las mujeres ceutíes para iniciar proyectos de emprendimiento, siguiendo el modelo aplicado por el CIS para conocer más precisamente lo que piensan, sienten y la predisposición respecto al hecho de iniciar proyectos empresariales propios. Los datos de este estudio darían una medida más precisa de la postura de las jóvenes ceutíes frente al emprendimiento, las fortalezas y debilidades de su postura y permitirían orientar cualquier intervención de una manera más fiable, precisa y menos generalista. Para realizar este estudio se podría utilizar como modelo la encuesta del CIS, que además permitiría la comparación de las actitudes y demás aspectos relevantes relacionados con el emprendimiento entre las jóvenes ceutíes y los jóvenes españoles que participaron en el estudio.

Segunda fase:

Información y Formación para el emprendimiento

La formación tendría que ir dirigida por una parte al desarrollo de las competencias técnicas y profesionales, que permitan poner en marcha proyectos innovadores, así como concebir y desarrollar modelos de negocio que sean sostenibles en el tiempo.

- Competencias para el diseño y desarrollo de modelos de negocio: Proposición de valor. Decisiones estratégicas. Identificación de comunidad de usuarios, ingresos. Se requieren conocimientos de las posibles opciones de negocio, de las características y opciones del mercado, del proceso de desarrollo de un negocio, etc.

- Competencias básicas de gestión empresarial, para manejar todos los aspectos formales (a veces burocráticos) que implica llevar a cabo un proyecto empresarial y también con la gestión de recursos tanto económicos, estructurales como de gestión de personas.

- Formación para el desarrollo de las competencias tecnológicas necesarias para que puedan dar a conocer sus iniciativas empresariales a través de internet, en las redes sociales, etc.

El otro ámbito de la formación tendría que ver con el desarrollo de competencias relacionadas con actitudes y valores favorables al emprendimiento. Iniciar y consolidar una iniciativa profesional o empresarial por cuenta propia requiere esfuerzo, tiempo, por supuesto recursos y una alta resistencia a la frustración y perder el miedo al fracaso.

Los estudios revisados (tanto el del GEM como el del CIS) ponen de manifiesto que las actitudes de los jóvenes españoles ante el emprendimiento son mejorables. De una forma certera, los españoles encuestados perciben la dificultad de la situación para poner en marcha proyectos de emprendimiento. Pero uno de los factores que aparece claramente en todos los estudios y que podría constituirse como un elemento altamente inhibidor en el desarrollo de potenciales proyectos y actividades profesionales es el miedo. Los españoles expresan miedo ante la opción del emprendimiento, miedo al riesgo, miedo a fracasar. Se advierte escasa autoconfianza y temor en los jóvenes españoles ante la idea de poner en marcha proyectos empresariales por cuenta propia y es imprescindible trabajar en este asunto y en la formación y desarrollo de este tipo de competencias, de manera integrada con las competencias profesionales que ya se han mencionado.

Estas propuestas podrían desarrollarse a partir de la reorientación de la formación que reciben las jóvenes ceutíes en paro. Explorar la posibilidad de que los cursos de formación que se ofertan a los parados pueden ser reorientados de una forma clara y absolutamente práctica en la mejora de competencias específicas necesarias para llevar a cabo iniciativas profesionales por cuenta propia, que sean realistas y tengan opciones de plausibilidad y éxito.

En este momento, en la página del INEM aparece publicado un curso de 80 horas para creación de empresas para emprendedores. Es un curso a distancia y consideramos que es una propuesta que va en la línea de las recomendaciones que hacemos en este informe, aunque los pocos epígrafes de los que da cuenta, y que nosotros ya hemos mencionado anteriormente, no abordan un tema fundamental y son las competencias personales y emocionales que deben trabajarse para madurar la disposición favorable a iniciar proyectos empresariales por cuenta propia.

Valores que creemos que pueden tener estas propuestas son:

a) Aprovechar estos momentos duros de la crisis económica que estamos viviendo en España, en general, y en Ceuta, en particular, para fortalecer competencias profesionales y personales específicas que impulsen el desarrollo de opciones que faciliten el desarrollo profesional a medida que el contexto socioeconómico también mejore.

b) Por otra parte, también permitirían aprovechar esa corriente de iniciativas que se están desarrollando en Ceuta, identificadas en el estudio GEM 2013.

c) Aprovechar también la valoración positiva que hacen los jóvenes españoles de las iniciativas de emprendimiento relacionadas a la independencia económica y la oportunidad de trabajar en lo que realmente les interesa. Todos ellos saben porque lo han visto en su entorno que si bien es muy gratificante conseguir un trabajo, las rutinas laborales acaban apoderándose de la mayor parte de los trabajos disponibles

d) Estas propuestas de formación permitiría maximizar las opciones y aprovechar los recursos institucionales que se ofrecen en Ceuta en estos momentos (en financiación, formación...) para el desarrollo de iniciativas profesionales o empresariales por cuenta propia. La disponibilidad y acceso a estas bolsas de financiación sin una formación adecuada puede ser una fuente de frustración y puede crear daños irreversibles en las posibilidades de creación de empleo en España.

e) Para darle viabilidad a estas propuestas deberían ser insertadas en los programas que actualmente se están llevando a cabo en Ceuta.

Recursos disponibles en Ceuta

El conocimiento de la realidad sociolaboral de Ceuta y el conocimiento de los recursos existentes que hemos alcanzado con este estudio nos permite realizar una propuesta alentadora que podría aprovechar los recursos ya disponibles en la ciudad para explorar y reforzar si se consideran convenientes las propuestas de emprendimiento. Estas son dos principalmente:

1.-Reorientación de los recursos de formación que se están desarrollando en la ciudad.

En relación con los cursos del INEM sería muy deseable que se pusieran al servicio de este fin los recursos de formación disponibles en la ciudad de Ceuta. A modo de ejemplo, en algún momento hemos comentado que el origen de una importante bolsa de parados en Ceuta que, paradójicamente, puede haberse formado a partir de los cursos del INEM. Sería deseable que la formación que se proporcionase desde esta entidad fuera dirigida a desarrollar las competencias necesarias para llevar a cabo proyectos de emprendimiento de éxito. En un apartado anterior hemos mencionado necesidades formativas ya identificadas por organismo solventes.

2.- Entre las múltiples visitas que realizamos en Ceuta para entender la situación que viven las mujeres en este territorio, se visitó la Cámara de Comercio de Ceuta donde nos informaron del éxito que estaba teniendo en el último año el programa de Apoyo Empresarial a la Mujer (PAEM).

De acuerdo con la página web de las Cámaras de Comercio, este programa, (PAEM), tiene como objetivo sensibilizar a las mujeres hacia el autoempleo y la actividad empresarial y ser un instrumento eficaz para la creación y consolidación de empresas lideradas por ellas.

Cuenta con el apoyo financiero del Fondo Social Europeo y de la Secretaría de Estado de Servicios Sociales e Igualdad del Ministerio de Sanidad, Servicios Sociales e Igualdad. Es un programa dirigido a mujeres para apoyar sus iniciativas en cualquier fase de su proyecto, tanto en el inicio de la idea empresarial como en su apuesta en marcha y consolidación. Este apoyo se manifiesta de distintas formas:

1. Información.

   General de carácter socio-económico.

   Sobre oportunidades de autoempleo.

   Legislación laboral.

   Trámites administrativos.

   Redes empresariales.

   Publicaciones especializadas.

   Direcciones de interés.

   Asesoramiento y orientación empresarial.

2. Asesoramiento sobre autoempleo y gestión empresarial.

   Planes de viabilidad.

   Comercio interior y exterior.

   Estudio de mercado: interno y externo.

   Asesoría jurídica, fiscal y financiera.

   Nuevos yacimientos de empleo.

   Nuevas tecnologías aplicadas a la gestión empresarial.

   Instrumentos financieros.

3. Ayuda para la presentación de microcréditos.

Además, el programa cuenta con un servicio de información y asesoramiento "on-line", al que se accede a través de www.e-empresarias.net, que responde de forma rápida a numerosas cuestiones derivadas de la gestión empresarial y que ofrece la posibilidad de participar en un foro de cooperación e intercambio, informa sobre jornadas, ferias, actividades formativas e incluso facilita un autodiagnóstico básico para evaluar la viabilidad de una idea empresarial.

El breve contacto que pudimos tener con este organismo nos permitió corroborar el interés de las mujeres de Ceuta por los programas que ofrece.

Contraste empírico de las propuestas realizadas

Teniendo en cuenta que un sector importante de la población afectada en Ceuta por el desempleo y susceptible de llevar a cabo proyectos de emprendimiento son las mujeres más jóvenes, hemos realizado un estudio de campo para conocer mejor la visión y la percepción de lo que los jóvenes necesitarían para mejorar su predisposición para llevar a cabo proyectos de emprendimiento. Este era el objetivo de este estudio y el segundo es comparar las propuestas realizadas por nosotras con las propuestas formulados por un grupo de jóvenes que podrían sentir la misma incertidumbre ante el emprendimiento que las jóvenes ceutíes.

Para contrastar las propuestas realizadas y encontrar aportaciones próximas que pudiesen tener valor en la inclusión de este informe, hemos realizado en la primera semana de Abril de 2014 un estudio empírico en el que hemos contado con la participación de 66 estudiantes universitarios con edades comprendidas entre 18-21 años (48 mujeres y 18 hombres).

Se puso a disposición de los estudiantes la encuesta realizada por el CIS en 2012 "Actitudes de la juventud en España hacia el emprendimiento", así como el informe realizado también por el CIS sobre los resultados y conclusiones derivados de tal encuesta (comentados más arriba). A continuación se les pidió, que trabajando en pequeños grupos, analizasen los datos y documentos proporcionados y que a partir de ellos, y también a partir de la experiencia personal y la visión personal que pudieran tener dado que ellos podían tener una experiencia comparable a los participantes en el estudio, hiciesen propuestas concretas para mejorar las actitudes de los jóvenes españoles hacia el emprendimiento.

Como puede verse en el Cuadro 3, las propuestas realizadas por las participantes son compatibles y apoyan las que en este informe hacemos como consecuencia de los datos e información analizada. Creemos que estas propuestas contrastadas con la percepción de jóvenes que comparten características con las mujeres que en Ceuta están llamadas a emprender propuestas de emprendimiento pueden ser una guía útil.

Cuadro 3. Propuestas para favorecer el desarrollo de proyectos de emprendimiento

- **Información.** Campañas publicitarias institucionales (tv, radio, web, series de tv similares a las que tienen éxito entre los jóvenes).

- **Conocimiento y análisis de experiencias de emprendimiento** (no solo de éxito) realizadas por gente joven y por emprendedores reconocidos.

- **Formación en Tecnologías de la Información y la Comunicación e internet aplicado a los negocios.** Desarrollo de competencias para publicar en internet y en las redes sociales. Cada día más negocios se inician, desarrollan y consolidan en internet. Aprender a difundir información acerca del nuevo negocio que se quiere llevar a cabo para darse a conocer en cualquier lugar de manera sencilla.

- **Formación en gestión y dirección de empresas.** Conocimientos básicos en gestión de recursos y personas, temas fiscales y de inversión.

- **Experiencia personal** en el desarrollo de proyectos y aprendizaje de las experiencias de emprendimiento que han tenido éxito y fracaso y estrategias de superación. Disminuir el miedo a invertir y el miedo a fracasar, miedo a que el proyecto no funcione.

- **Apoyo institucional y financiero** para el desarrollo de proyectos profesionales por cuenta propia. Que las instituciones transmitan confianza y seguridad. Simplificación de trámites para poner en marcha un negocio.

- **Innovación en los programas formativos** para potenciar el desarrollo de la creatividad y la capacidad innovadora. Inculcar una actitud favorable con respecto al emprendimiento desde edades tempranas del desarrollo en las escuelas, institutos y universidades. Trabajar en colegios e institutos y universidades estos programas. Talleres, y proyectos aplicados. Ferias, concursos, cursos específicos, etc.

9

CONCLUSIONES GENERALES

Impulsar y dinamizar el tejido emprendedor y concretamente, potenciar el emprendimiento de las mujeres ceutíes se presenta como una opción que merece toda la atención institucional y social posible para el fomento e impulso de la empleabilidad de las mujeres en Ceuta, condición básica para garantizar el desarrollo social de la ciudad de una forma cohesiva y sostenible. El desarrollo de proyectos de emprendimiento cobra sentido dentro de una cultura y una sociedad que sean emprendedora. Tenemos que reconocer que, hasta ahora, no es este uno de los rasgos distintivos de la cultura de nuestro país, por ello hay que poner en marcha los procesos necesarios para que se desarrolle esa cultura y el entorno social y cultural que favorezca el crecimiento de propuestas emprendedoras.

El espíritu emprendedor es una actitud y las actitudes hay que cultivarlas, desarrollarlas y fortalecerlas. Las actitudes se aprenden y en este aprendizaje hay un componente social y cultural importante; no hay que olvidar que el entorno social y cultural dominante en nuestro país ha llevado a configurar desde pequeños una idea del trabajo por cuenta ajena para el que hay que preparar un buen curriculum, y una cultura que ha creado fundamentalmente la ambición de empleo estable y fijo, con unos ingresos definidos y mantenidos en el tiempo. Del emprendimiento, quizá no se ha hecho la mejor presentación posible. Hay razones e información para asumir que existe una asociación negativa entre emprendimiento y crisis; ya que el emprendimiento se está presentando como la salida de la crisis, como la respuesta disponible a una necesidad y no como una oportunidad, como indican los datos del GEM. En relación a este hecho, sería necesario revisar las presentaciones institucionales que se hacen de las alternativas emprendedoras. A nivel general de la población española, se requiere fomentar una visión positiva del emprendimiento.

Por lo tanto, partiendo de los datos que evidencian que la población española se muestra bastante reacia hacia el emprendimiento y, siendo patente la necesidad de promover esta alternativa de incorporación al mercado laboral en nuestro país, la intervención que podemos hacer en este momento es de carácter correctivo, dado que una intervención preventiva solo puede hacerse en edades tempranas y en condiciones diferentes.

Formar para potenciar el emprendimiento es imprescindible para llevar a cabo propuestas viables y el desafío no es fácil. La formación tendría que ir dirigida por una parte al desarrollo de las competencias técnicas y profesionales, que permitan poner en marcha proyectos innovadores. A las dificultades generales señaladas cabe añadirles un elemento más, y es que quizá muchas de las propuestas de emprendimiento que tienen más probabilidades de salir adelante requieren de propuestas tecnológicas, el 70% de las empresas que se crean son *start-ups* relacionadas con el mundo de la tecnología. Las mujeres, y pensemos incluso en las mujeres jóvenes en Ceuta, en muchos casos no han tenido oportunidad de cursar estudios tecnológicos. Aquí vuelve a ser un tema importante trabajar en la deseable adecuación entre los estudios que pueden cursarse en Ceuta, a los que acceden un porcentaje importante de los jóvenes que residen en Ceuta y cursan estudios (mayor porcentaje en cualquier caso que los jóvenes ceutíes que estudian fuera de la ciudad, principalmente en otras ciudades españolas) y lo que la sociedad está demandando a los ciudadanos. Pero esto sería una propuesta de actuación a largo plazo, que requiere una intervención a nivel general de España y que va más allá de las propuestas concretas que pueden hacerse para Ceuta y en este estudio.

También cabe señalar que las dificultades que ya tiene desarrollar proyectos de emprendimiento podrían acentuarse en el caso de las mujeres musulmanas si se ve reducida su posibilidad de moverse y establecer relaciones por razones culturales. No tener en cuenta este asunto, significaría no atender ni aprovechar el talento de la mitad de la población de mujeres de Ceuta.

Las últimas palabras se destinan a señalar que ante el desafío que supone revertir la situación laboral de las mujeres en Ceuta y responder al desafío y a la demanda social de generar empleo, las distintas instituciones relevantes de la ciudad (gobierno de la ciudad, universidad y centros educativos, organismos de la administración….) deben coordinarse para trabajar de forma conjunta a fin de favorecer el desarrollo de una cultura emprendedora e innovadora que actúe como una fuerza transformadora, de cohesión e integración de la sociedad ceutí. Hemos podido comprobar personalmente que en este sentido se está trabajando ya en Ceuta. El objetivo último de la coordinación de esfuerzos y recursos está claro, mejorar las condiciones sociales y laborales de todas las mujeres ceutíes.

10

REFERENCIAS BIBLIOGRÁFICAS
Y FUENTES DOCUMENTALES

Al Maaitah, R., Al Maaitah, H., Olaimat, H. & Gharaeibeh, M. (2010). Arab women and political development. Journal of International Women's Studies, 12(3), pp. 7–26.

Al-Dajani, H. (2010). Diversity and inequality among women in employment in the Arab Middle East region: A new research agenda. In Mustafa F. Ozbilqin, & Jawad Syed (Eds.), Diversity management in Asia: A research companion. UK: Glos: Edward Elgar Publishing Limited.

Alonso-Almeida, M.M. (2012). Water and waste management in the moroccan tourism industry: the case of three women entrepreneurs. Women´s Studies International Forum, 35, pp. 343-353.

Global Entrepreneurship Monitor (GEM) (2014). Informe GEM España 2013. Red Española de Equipos Regionales GEM. Editorial de la Universidad de Cantabria. Cantabria.

Global Entrepreneurship Monitor (GEM) (2013). Informe GEM España 2012. Red Española de Equipos Regionales GEM. Editorial de la Universidad de Cantabria. Cantabria.

Global Entrepreneurship Monitor (GEM) (2013). Informe GEM España 2012. Red Española de Equipos Regionales GEM. Editorial de la Universidad de Cantabria. Cantabria.

Global Entrepreneurship Monitor (GEM) (2013). Global Entrepreneurship Monitor Informe Ejecutivo Andalucía 2012. Equipo GEM Andalucía. Cátedra de emprendedores de la Universidad de Cadiz. Disponible en http://gemandalucia. uca.es

Goby, V. P. & Erogul, M. S. (2011). Female entrepreneurship in the United Arab Emirates: Legislative encouragements and cultural constraints. Women's Studies International Forum, 34, pp. 329–334

Instituto Nacional de Estadística (INE) (2014) INEbase / Demografía y población / Cifras de población y Censos demográficos. Disponible en http://www.ine.es/ inebmenu/mnu_cifraspob.htm. Accedido en febrero de 2014

Jiménez Gámez, R.Á. (2010). ¿Diálogo o confrontación de culturas en Ceuta? Un estudio de caso en un Instituto de Educación Secundaria. Revista de Educación, 352. Mayo-Agosto 2010, pp. 431-451.

Jiménez Ruiz, A. (2005). Estudio cualitativo: las necesidades de las mujeres en su acceso al mercado laboral de Ceuta. La mediación social, las diferentes realidades. Año 2004, pp. 59-77.

Servicio Público de Empleo Estatal (SEPE) (2013). Estadísticas de Contratos. Datos Enero 2013. Disponible en

http://www.sepe.es/contenido/estadisticas/datos_avance/datos/index.html

Servicio Público de Empleo Estatal (SEPE) (2013). Estadísticas de Contratos. Datos Febrero 2013. Disponible en

http://www.sepe.es/contenido/estadisticas/datos_avance/datos/index.html

Servicio Público de Empleo Estatal (SEPE) (2013). Estadísticas de Contratos. Datos Marzo 2013. Disponible en

http://www.sepe.es/contenido/estadisticas/datos_avance/datos/index.html

Servicio Público de Empleo Estatal (SEPE) (2013). Estadísticas de Contratos. Datos Abril 2013. Disponible en

http://www.sepe.es/contenido/estadisticas/datos_avance/datos/index.html

Servicio Público de Empleo Estatal (SEPE) (2013). Estadísticas de Contratos. Datos Mayo 2013. Disponible en

http://www.sepe.es/contenido/estadisticas/datos_avance/datos/index.html

Servicio Público de Empleo Estatal (SEPE) (2013). Estadísticas de Contratos. Datos Junio 2013. Disponible en

http://www.sepe.es/contenido/estadisticas/datos_avance/datos/index.html

Servicio Público de Empleo Estatal (SEPE) (2013). Estadísticas de Contratos. Datos Julio 2013. Disponible en

http://www.sepe.es/contenido/estadisticas/datos_avance/datos/index.html

Servicio Público de Empleo Estatal (SEPE) (2013). Estadísticas de Contratos. Datos Agosto 2013. Disponible en

http://www.sepe.es/contenido/estadisticas/datos_avance/datos/index.html

Servicio Público de Empleo Estatal (SEPE) (2013). Estadísticas de Contratos. Datos Octubre 2013. Disponible en

http://www.sepe.es/contenido/estadisticas/datos_avance/datos/index.html

Servicio Público de Empleo Estatal (SEPE) (2013). Estadísticas de Contratos. Datos Noviembre 2013. Disponible en

http://www.sepe.es/contenido/estadisticas/datos_avance/datos/index.html

Servicio Público de Empleo Estatal (SEPE) (2014). Estadísticas de Contratos. Datos Diciembre 2013. Disponible en

http://www.sepe.es/contenido/estadisticas/datos_avance/datos/index.html

Sociopolis, Estudios Sociológicos, (2014). Las condiciones de vida de la población de Ceuta 2013.

ANEXO I

Guión de entrevistas

- Llamada de atención, saludo y presentación.

- Informar sobre el objeto del estudio: Se le hace saber a la persona quiénes somos, que estamos haciendo un estudio sobre la situación sociolaboral de las mujeres en Ceuta. La justificación de hacer este estudio está relacionada con los últimos datos sobre el paro en Ceuta publicados por el INE, según el cual el (49% de las mujeres de Ceuta están en paro").

- Acto seguido, les pedíamos su colaboración para responder a una serie de preguntas que empezaban por solicitarles que valorasen el dato de desempleo.

- A partir de estas valoraciones y su contenido, seguíamos desarrollando la entrevista, enlazando todas las cuestiones sobre las que pretendíamos recoger información.

  • Su situación laboral personal.

  • Su profesión y experiencia profesional.

  • Los posibles ámbitos laborales y profesionales en los que pueden trabajar las mujeres.

  • Acceso a ofertas de empleo en la ciudad.

  • Acceso al empleo por parte de mujeres españolas y musulmanas.

  • Perspectivas de empleo y desarrollo profesional en Ceuta (valoración prospectiva).

  • Nacionalidad.

  • Edad.

- Tiempo de residencia en Ceuta.
- Comentarios que deseasen añadir.

FT-2